¿POR QUÉ NO ASCIENDEN LAS MUJERES?

Sally Helgesen – Marshall Goldsmith

¿POR QUÉ NO ASCIENDEN LAS MUJERES?

ROMPE LOS 12 HÁBITOS
que te impiden avanzar hacia tu
próximo aumento, ascenso o trabajo.

EMPRESA ACTIVA

Argentina – Chile – Colombia – España
Estados Unidos – México – Perú – Uruguay

Título original: *How women rise*
Editor original: Hacette Books
Traductor: Valentina Farray Copado

1.ª edición Abril 2023

ISBN: 978-84-16997-76-3
E-ISBN: 978-84-19497-18-5
Depósito legal: B-2.425-2023

Fotocomposición: Ediciones Urano, S.A.U.
Impreso por: Romanyà Valls, S.A. – Verdaguer, 1 – 08786 Capellades (Barcelona)

Impreso en España – *Printed in Spain*

Índice

PARTE III
Cambiar para mejorar

Dedicamos este libro a Frances Hesselbein

Amiga, mentora, heroína

Nota de los autores

Las historias de este libro son reales, pero los nombres y algunos detalles han sido cambiados.

PARTE I

Sobre estar atascada

1

De dónde venimos

En 2015, un amigo y colega en común, Mike Dulworth, nos envió a los dos —Sally y Marshall— un correo electrónico con el asunto «¡Idea loca!». ¿Su sugerencia? Que colaboráramos en el libro que ahora tienes en tus manos.

Ambos supimos inmediatamente que era una gran idea. Explicar por qué requiere un poco de información.

En 2007, Marshall publicó su *bestseller* internacional, *Un nuevo impulso* (*What got you here won't get you there*). En la cubierta había una pegatina dorada que decía «Descubra los 20 hábitos que frenan su ascenso». El aval principal procedía de Alan Mulally, entonces director general de Ford Motor Company, CEO del año en Estados Unidos y uno de los clientes de *coaching* de Marshall: «El comprobado proceso de mejora de Marshall ES INCREÍBLE». En el libro, Marshall identificó veinte comportamientos que a menudo hacen tropezar a las personas de alto rendimiento en su intento de llegar al siguiente nivel. Se trata de hábitos que él ha observado repetidamente y que impiden a las personas con talento alcanzar su máximo potencial, disminuyendo su capacidad para inspirar y liderar a los demás y, a veces, incluso haciendo descarrilar sus carreras. Los ejemplos e historias se han extraído de la base global de clientes que Marshall ha desarrollado a lo largo de muchas décadas como uno de los *coaches* de ejecutivos más exitosos del mundo.

Una idea clave del libro se explica en el título: los mismos comportamientos que ayudan a las personas a alcanzar posiciones elevadas a menudo las socavan cuando intentan ascender más. Como estos comportamientos funcionaron en el pasado, la gente se resiste a dejarlos. Al contrario, muchos creen que tienen éxito gracias a estos malos hábitos. Cualquier humano, de hecho cualquier animal, tenderá a replicar el comportamiento que es seguido por un refuerzo positivo. Cuanto más éxito tengamos, más refuerzo positivo obtendremos. Podemos caer fácilmente en la «trampa de la superstición», que es: «Si me comporto así, tengo éxito; por lo tanto, debo tener éxito porque me comporto así».

¡Incorrecto!

Todos tenemos éxito gracias a que hacemos muchas cosas bien y a pesar de que hacemos algunas cosas que en realidad van en nuestra contra.

Marshall escribió el libro para un público amplio, no solo para los líderes que se encuentran en la cima de la pirámide o la escalera de su organización, sino también para los que se encuentran en los peldaños intermedios. Un nuevo impulso es básicamente para cualquier persona cuyo comportamiento se interpone en el camino hacia donde él o ella quieren ir en última instancia.

Desde su publicación, Marshall ha viajado por todo el mundo compartiendo y desarrollando las ideas que expuso en el libro. Pero en el transcurso de su trabajo, y especialmente mientras impartía una serie de talleres para mujeres basados en su *bestseller* de 2015, *Disparadores* (*Triggers*), llegó a reconocer que algunos de los comportamientos más agresivos y egocéntricos, que identifica como problemáticos en *Un nuevo impulso,* son menos propensos a ser obstáculos para las mujeres de éxito que para los hombres. Por ejemplo, en lugar de reclamar el crédito que no merecen, las mujeres suelen ser reacias a reclamar sus propios logros. En lugar de necesitar tener siempre la razón, las mujeres son más propensas a perjudicarse por el deseo de agradar o la necesidad de ser perfectas. En lugar de negarse a expresar su arrepentimiento, las mujeres a menudo no pueden dejar de disculparse, incluso por cosas que no son su culpa.

Todo el mundo tiene comportamientos autolimitantes, por la sencilla razón de que todos somos humanos. Pero aunque los hombres y las mujeres a veces compartan los mismos hábitos debilitantes, con frecuencia no es así. Las mujeres suelen enfrentarse a retos muy diferentes cuando tratan de avanzar en sus carreras y operar en un campo de juego más amplio, por lo que tiene sentido que las mujeres adapten su comportamiento de forma diferente. Y las mujeres suelen ser recompensadas de forma diferente, como mostraremos en el próximo capítulo. Estas diferencias conforman sus expectativas sobre qué comportamientos serán eficaces.

Dado que la base de *coaching* de Marshall suele ser un 80 % de hombres, no es de extrañar que los hábitos originales de *Un nuevo impulso* sean los que más frenan a los hombres de éxito. Cuando escribió el libro, Marshall no consideraba que estos comportamientos fueran particularmente masculinos, sino más bien formas comunes de autosabotaje que podían corregirse utilizando las ideas y prácticas que había desarrollado como *coach*. Sin embargo, cuanto más trabajaba con mujeres, más se daba cuenta Marshall de que ellas podían beneficiarse de un enfoque similar que abordara comportamientos diferentes.

Entra Sally.

Sally lleva trabajando, escribiendo e investigando sobre mujeres líderes desde la publicación de *The Female Advantage: Women's Ways of Leadership* en 1990. Como fue el primer libro que se centró en lo que las mujeres tenían que aportar a las organizaciones, en lugar de cómo debían cambiar y adaptarse, las empresas empezaron a pedirle que desarrollara e impartiera programas de liderazgo femenino casi desde el principio.

Como resultado, Sally ha pasado casi tres décadas ayudando a mujeres extraordinarias de todo el mundo a hacer crecer sus habilidades de liderazgo y consultando con los equipos ejecutivos que buscan retener a las mujeres con talento. Ha trabajado con algunas de las mujeres líderes más exitosas del mundo. Esto le ha dado la oportunidad de conocer de cerca los retos a los que se enfrentan las mujeres, así como de observar lo que se interpone en sus caminos.

Los dos nos conocíamos bien de la Red de Aprendizaje, un pequeño grupo para profesionales de liderazgo que Marshall había iniciado en 1996. Pero ninguno de los dos se había planteado colaborar en un libro sobre los comportamientos que frenan a las mujeres, hasta ese correo electrónico con el asunto «idea loca».

Debido a nuestras experiencias complementarias y a nuestra larga amistad, estábamos seguros de que combinando nuestras fuerzas podríamos ofrecer una orientación específica, útil y dedicada a las mujeres que buscan avanzar en su carrera y aumentar su capacidad de tener un impacto positivo en sus organizaciones, sus comunidades y el mundo. Sally vio la colaboración como una oportunidad para ayudar a las mujeres a superar los obstáculos que las habían frenado durante décadas. Y Marshall vio todo un nuevo mundo de hábitos que los conocimientos y las prácticas de *coaching* que había perfeccionado durante treinta años podían ayudar a abordar.

Además, cada uno de nosotros ha tenido momentos de reflexión que han confirmado nuestra creencia de que las mujeres podrían beneficiarse de un libro sobre los comportamientos que se interponen en su camino cuando intentan ascender. Estas experiencias personales nos han convertido en fervientes creyentes de la necesidad de este libro y nos han convencido de su valor potencial.

Marshall se dio cuenta mientras entrenaba a la legendaria líder Frances Hesselbein, que casualmente había sido ampliamente perfilada en el *bestseller* de Sally, *The Female Advantage*. En este libro se habla bastante de Frances.

Durante su largo mandato como directora general de las Girl Scouts of the USA, Frances se ganó la atención internacional cuando nada menos que un experto como Peter Drucker, el fundador del *management* moderno, escribió que posiblemente era la mejor líder que había conocido y sugirió que se la considerara para dirigir General Motors. Al retirarse de las Girl Scouts, Frances asumió la presidencia de la Fundación Peter F. Drucker para la gestión de organizaciones sin ánimo de lucro, más tarde conocida como Leader to Leader Institute.

A lo largo de su dilatada carrera, Frances se ha ganado el respeto y el reconocimiento de líderes empresariales, militares y organizaciones sin ánimo de lucro de todo el mundo, y ha recibido innumerables galardones. Tiene veintitrés doctorados honoríficos, apareció en la portada de *Business Week* y recibió la Medalla Presidencial de la Libertad, el mayor honor concedido a los civiles estadounidenses. Marshall tuvo el honor de acompañarla a la Casa Blanca cuando aceptó este merecido reconocimiento de las manos del presidente Clinton.

Marshall la había conocido por primera vez cuando todavía estaba en las Girl Scouts. Trabajaba como voluntario para la Cruz Roja, cuyo director general era entonces miembro de la junta directiva de Frances y amigo común. Cuando Marshall le describió el proceso de retroalimentación de 360° que había desarrollado para ayudar a los clientes a ser mejores líderes, Frances decidió que podría beneficiarse de un poco de *coaching*, y Marshall donó su tiempo. Como parte del proceso, entrevistó a los miembros de su junta directiva, a sus subordinados directos y a otras partes interesadas, y redactó un informe completo.

No es de extrañar que los comentarios de Frances fueran increíblemente positivos. Sin embargo, cuando lo vio, su respuesta inmediata fue: «¡Tengo tantas cosas que mejorar!». Entonces empezó a enumerar unas veintisiete cosas en las que quería ponerse a trabajar. Aunque Marshall quedó impresionado por su dedicación, le sorprendió que una persona de su talla fuera tan autocrítica.

Sabía que la mayoría de los hombres de éxito con los que trabajaba habrían visto el tipo de retroalimentación que Frances recibió como un testimonio de su brillantez como líderes, así como la confirmación de que tenían poca —o quizás ninguna— necesidad de cambiar. Desgraciadamente, conocía a demasiados hombres que respondían a los resultados negativos del 360° diciendo: «Si soy tan malo, ¿por qué soy el más exitoso aquí?» o «Gané cinco millones de dólares el año pasado, ¿y me dices que tengo que cambiar?».

En cambio, Marshall reconoció que su principal reto al entrenar a Frances sería convencerla de que no fuera tan autocrítica. En los años siguientes, ha comprobado que lo mismo ocurre con otras fantásticas mujeres líderes. No importa lo eficaces que hayan sido o el reconocimiento que hayan recibido, las mujeres tienden a centrarse en todas las formas en las que creen que se quedan cortas. Por eso, cuando entrena a las mujeres, Marshall suele empezar con una petición de base: «Por favor, no seas demasiado dura contigo misma».

Así pues, la conclusión de Marshall fue que la tendencia de las mujeres de éxito a criticarse a sí mismas en lugar de a los demás les abre las puertas a unos hábitos de comportamiento diferentes a los de los hombres, que son más propensos a aceptar el reconocimiento y a desviar la culpa.

El «eureka» de Sally fue más personal y doloroso, ya que le permitió comprender que un comportamiento que la había ayudado al principio de su carrera, ahora le estorbaba. Por casualidad, se produjo cuando ella y Marshall estaban impartiendo conjuntamente un seminario de medio día para mujeres ingenieras en Rhode Island. La práctica habitual de Sally antes de los grandes eventos era dedicar mucho tiempo a ensayar su programa y a memorizar sus puntos de discusión para poder impartir su programa sin problemas y evitar cualquier error. Así que llegó a Providence temprano el día anterior al evento y se quedó en su habitación de hotel para prepararse. Marshall llegó tarde, así que acordaron reunirse en la mañana del evento cuando el cliente los recogiera en el vestíbulo.

Cuando llegó el cliente, Marshall (que llevaba unos vaqueros cortados) anunció inmediatamente que había olvidado sus pantalones y pidió parar en un centro comercial de camino al lugar de celebración para poder comprar unos *khakis*. El cliente accedió y, mientras conducían, Sally se maravilló de cómo Marshall parecía tomarse el incidente con calma. Para ella, presentarse a un compromiso sin pantalones habría sido una auténtica pesadilla, ya que a menudo soñaba con encontrarse en el escenario a medio vestir. Pero Marshall adoptó la actitud de que, como viaja mucho, las cosas pasan.

En el evento, donde esperaban trescientas mujeres, el único aseo de caballeros tenía un cartel de «Señoras» y estaba incómodamente situado en la parte delantera de la sala, donde todo el mundo podía verlo. Marshall hizo una visita, pero al salir se golpeó la cabeza con el gancho interior para colgar el bolso (no estaba acostumbrado a tener uno de estos en el baño) y cayó al suelo. Mientras se levantaba, riendo, Sally no podía dejar de pensar en lo mortificada que se habría sentido si hubiera hecho una entrada así.

A medida que avanzaba el día, Sally se aferró a su programa estrictamente preparado, mientras que Marshall adoptó un enfoque fluido. Superpreparada, ella se sentía obligada a cubrir todos sus puntos y a compartir todo lo que sabía, mientras que él involucraba a los participantes en ejercicios espontáneos. Una hora antes del final previsto del evento, el localizador de Marshall sonó.

Se había equivocado en la hora de salida del vuelo y ahora tenía que salir de repente hacia el aeropuerto. Se disculpó, pero dijo que sabía que Sally haría un gran trabajo para terminar el programa. De nuevo, su primer pensamiento fue lo horrorizada que estaría si hubiera calculado mal su hora de vuelo. Mientras Sally seguía adelante, los participantes se pusieron en pie para ovacionar a Marshall. Parte del aire se fue de la sala cuando él se marchó.

Reflexionando más tarde sobre la experiencia, Sally se dio cuenta de que su exhaustiva preparación y la necesidad de pasar por cada una de sus observaciones preparadas no le habían servido de mucho. La diligencia y la voluntad de trabajar muy duro la habían ayudado cuando empezaba a ser oradora, pero, al contrastar su propia dedicación con el enfoque espontáneo e indulgente de Marshall, quedó claro que su público disfrutaría más y probablemente aprendería más si se dejara llevar menos por su deseo de ser perfecta. Marshall no había sido perfecto. Sin embargo, el público le adoraba, quizá porque su comportamiento algo torpe era obviamente auténtico, y así les daba permiso para ser ellos mismos. No solo articuló un mensaje sobre la necesidad de dejar de lado los errores, sino que lo demostró con su comportamiento, mostrando cómo un ser humano altamente comprometido pero imperfecto podía tener un impacto incluso cuando las circunstancias (los pantalones olvidados, la caída en el baño, el vuelo mal calculado) parecían estar trabajando en su contra.

Por el contrario, Sally parecía estar demostrando lo que es ser dura con una misma.

Es posible que hayas experimentado momentos similares en los que te das cuenta de que los comportamientos que te ayudaron a llegar a donde estás ahora pueden impedirte avanzar a la siguiente etapa. Tal vez, como Sally, gastes demasiada energía en tratar de ser perfecta, en tratar de agradar, o en sobrevalorar la experiencia a expensas de una comunicación relajada. Tal vez te cuesta no hablar demasiado o con demasiados nervios, o dejas que los detalles desvíen tu concentración. Tal vez te encuentres esperando que se fijen en ti de forma espontánea y te recompensen por tu trabajo duro en lugar de defenderte a ti misma. Tal vez antepongas tu trabajo a tu carrera en un esfuerzo por demostrar lealtad, o no consigas aliados que puedan difundir tus logros.

Si alguno de estos comportamientos se interpone en tu camino, o crees que puede hacerlo a medida que avanzas, sigue leyendo. Este libro es para ti.

2

Dónde estás

¿Dónde te encuentras ahora mismo en tu trabajo y en tu carrera? ¿Estás en un lugar que se siente satisfactorio y da lugar a tus talentos? ¿Se te valora no solo por tus contribuciones, sino también por tu potencial? ¿Y sientes que tu trabajo te lleva a un lugar que satisface tus ambiciones y te ayuda a marcar la diferencia que quieres hacer en el mundo?

Al fin y al cabo, tú puedes definir lo que significa el éxito para ti. Tú defines lo que significa ascender. Tal vez para ti sea ascender a un puesto más alto y lucrativo. Tal vez sea encontrar un campo de juego más amplio u obtener más reconocimiento por tu trabajo. Tal vez quieras tener más voz en la dirección que tomará tu organización en el futuro. Tal vez quieras crear un nuevo negocio o producto. Tal vez quieras infundir un espíritu de alegría entre tus colaboradores, clientes y consumidores. O te mueva el deseo de ayudar a otras mujeres a salir adelante.

La cuestión es que tu definición de ascender siempre va a ser personal, individual para ti. Pero uno de los mayores impedimentos para elevarse también es personal e individual: estar ciega a los comportamientos y hábitos que te mantienen estancada.

Como se ha señalado en el capítulo anterior, estos comportamientos pueden haberte funcionado al principio de tu carrera, por lo que puedes estar tentada de aferrarte a ellos. Pero a medida que asciendas y asumas más responsabilidades, lo que te ha traído hasta aquí —dondequiera que estés ahora— puede empezar a jugar en tu contra. Esto es cierto tanto para los hombres como para las mujeres, pero según nuestra experiencia, los comportamientos que perjudican a las mujeres suelen ser diferentes de los comportamientos que perjudican a los hombres.

El hecho de que nos centremos en los comportamientos no significa que tratemos de culpar a las mujeres que no han ascendido tan rápido como hubieran querido o que no apreciemos el papel que desempeñan las barreras externas para mantener a las mujeres estancadas. Redes impenetrables de viejos amigos, jefes sexistas, hombres que parecen incapaces de escuchar a las mujeres o que se atribuyen sus ideas en las reuniones, trayectorias profesionales que dan por sentado que las familias no existen, criterios de evaluación del rendimiento sutilmente diseñados para favorecer a los hombres, los prejuicios inconscientes que influyen en la contratación y la posibilidad de ascender: estos impedimentos son reales y, por desgracia, siguen desempeñando un papel que obstaculiza el avance de las mujeres.

Aunque las mujeres han progresado extraordinaria y rápidamente en casi todos los sectores en los últimos treinta años, las estructuras y expectativas del lugar de trabajo creadas pensando en los hombres siguen frustrando el talento y las ambiciones de muchas mujeres. Así que repetimos: no tratamos de ocultar o negar los obstáculos que sabemos que son reales. Sin embargo, nuestro objetivo principal en este libro no es identificar las barreras externas ni proporcionar mapas de ruta para superarlas. Se trata de ayudarte a reconocer los comportamientos que se interponen en tu camino cuando buscas tener más éxito en tus propios términos.

Al fin y al cabo, tus comportamientos están bajo tu control, mientras que las fuerzas externas, como los prejuicios inconscientes, pueden no estarlo. Si el ejecutivo del que depende tu jefe solo se siente cómodo hablando con los hombres que conoce en el campo de golf, intentar cambiar eso será un ejercicio de frustración. Si tu empresa utiliza criterios de rendimiento que penalizan sutilmente a las mujeres, puedes ser una voz que lo señale y trabajar con RR.HH. para explorar alternativas, pero es difícil persuadir a tu empresa para que abandone inmediatamente su forma de evaluar el rendimiento.

Sin embargo, desarraigar un hábito, un comportamiento o una actitud poco útil que hayas adquirido a lo largo de tu vida laboral es lo único que está bajo tu control y que puede mejorar seriamente tus posibilidades de éxito. Como mínimo, hacer el esfuerzo debería mejorar tu experiencia diaria en el trabajo y prepararte mejor para alcanzar tus objetivos en el futuro.

Piensa que *Por qué no ascienden las mujeres* te da los medios para despejar tu camino de obstáculos autoimpuestos para que puedas tener más éxito y sentirte más satisfecha con tu trabajo. Nuestro objetivo es ayudarte a marcar la mayor diferencia positiva que desees en el camino que elijas en la vida.

CÓMO SE DEFINE EL ÉXITO

Antes de empezar, tenemos que aclarar a qué nos referimos cuando hablamos de éxito, una palabra que utilizaremos bastante en este libro. Según nuestra experiencia, las mujeres suelen definir el éxito de forma algo diferente a los hombres. Esto significa que también definen el éxito de forma diferente a como las organizaciones han esperado tradicionalmente que las personas (principalmente los hombres) definan el éxito.

En lugar de considerar el dinero y la posición como los únicos, o incluso los principales, marcadores del éxito, las mujeres también tienden a dar un gran valor a la calidad de su vida en el trabajo y al impacto de sus contribuciones. Disfrutar de los compañeros de trabajo y de los clientes, tener cierto grado de control sobre su tiempo y creer que su trabajo marca una diferencia positiva en el mundo son motivadores clave para muchas mujeres de éxito.

Esto no significa que a las mujeres no les importe la recompensa económica o la posición, en absoluto. Si las mujeres creen que están mal pagadas o sienten que su posición en la organización no refleja el nivel de su contribución, se resentirán. Y esto afectará sin duda a su compromiso y a su percepción del éxito. Al fin y al cabo, el dinero y la posición siguen siendo las zanahorias que utilizan las empresas para recompensar a las personas y reconocer su valor. Y la mayoría de nosotros trabajamos porque necesitamos o queremos dinero.

Sin embargo, una de las razones por las que las organizaciones a veces tienen dificultades para retener a las mujeres de éxito es que actúan basándose en la suposición de que un salario alto y una posición elevada siempre serán motivadores suficientes, incluso si la calidad de la vida laboral es constantemente baja. Esta suposición, especialmente cuando se trata de mujeres, suele ser errónea. De hecho, las mujeres son más propensas a dejar trabajos que ofrecen un salario y una posición elevados pero una baja calidad de vida. Suelen decir que esos trabajos «no merecen la pena».

No se trata de generalizaciones descabelladas. Nos basamos en décadas de experiencia y en datos concretos.

Por ejemplo, Sally y su colega Julie Johnson se unieron a la empresa de encuestas Harris Interactive para realizar un estudio sobre las similitudes y diferencias en la forma en que hombres y mujeres perciben, definen y buscan la satisfacción en el trabajo. Los resultados aparecieron en su libro, *The Female Vision* (*La visión femenina. El verdadero poder de las mujeres en el trabajo*).

La encuesta, realizada a ochocientos dieciocho hombres y mujeres que ocupaban puestos de dirección en empresas con más de cincuenta empleados, encontró muchas similitudes entre hombres y mujeres. Por ejemplo, tanto los hombres como las mujeres afirmaron sentirse muy satisfechos al dirigir equipos, obtener resultados que superaban las expectativas y ser reconocidos por sus contribuciones.

Pero la encuesta también indicaba que los hombres tendían a poner más valor en alcanzar una posición alta y ganar un salario elevado, mientras que las mujeres valoran más la experiencia real del trabajo. Ganar un sueldo excelente o alcanzar un puesto alto no resultaba tan satisfactorio para las mujeres si no podían disfrutar también de sus días. No todos los días, por supuesto. Pero sí lo suficiente como para que el trabajo merezca la pena.

Los hombres no solo tienden a considerar la posición y el salario como más importantes que las mujeres, sino que son más propensos a juzgarse a sí mismos (y a los demás) en función de estas medidas. Sally y Marshall han visto cómo esta forma de comparar puede llevar a los hombres de éxito a invertir poco en relaciones clave, como la familia, los amigos y la comunidad, a pesar de que se ha demostrado sistemáticamente que estas relaciones son componentes esenciales de la felicidad y la satisfacción humanas.

La investigación de Sally y Julie también descubrió que los hombres valoraban más que las mujeres el hecho de ganar, considerándolo una fuente importante de satisfacción y un indicador clave de éxito. Disfrutan superando a los competidores, «subiendo el marcador», y a menudo asignan un valor numérico o un rango a sus contribuciones y logros. Por el contrario, las mujeres se sienten menos satisfechas con la competición y la puntuación, y a menudo se esfuerzan por describir la victoria como el resultado de un esfuerzo de colaboración. Mientras que los hombres solían describirse a sí mismos como «jugando para ganar», las mujeres solían estar más de acuerdo con la afirmación «Me pongo al servicio de los demás para garantizar el éxito de un proyecto».

Las décadas de experiencia de Marshall trabajando con líderes de éxito confirman estas conclusiones. Cuando le entrevistaron para la *Harvard Business Review*, le preguntaron: «¿Cuál es el mayor reto de los muchos líderes de éxito que has conocido?». Su respuesta: «¡Ganar demasiado!». Como observa Alan Mulally, uno de los héroes de Marshall, «Para el gran triunfador individual, todo gira en torno a él. Para el gran líder, todo gira en torno a ellos».

La transición de triunfador a líder puede ser especialmente dura para los hombres altamente competitivos, que pueden tener dificultades para reconocer que, como líder, su trabajo es hacer que todos los demás sean ganadores. Las mujeres son menos propensas a luchar contra esta transición. Aunque a muchas de las mujeres con las que Marshall y Sally han trabajado les gusta ganar, tienden a estar menos interesadas en ganar para sí mismas que en ayudar a sus organizaciones o a sus equipos a ganar.

Esta reticencia a considerar el dinero, la posición y la victoria como principales árbitros del éxito es psicológicamente saludable para las mujeres y muy buena para sus equipos y organizaciones. Pero puede tener un lado oscuro, ya que lleva a las mujeres a invertir poco en su propio éxito, incluso cuando dedican tiempo a mejorar el de los demás. Este instinto de autosacrificio también está en la base de una serie de comportamientos que frenan a las mujeres.

Como verás, el truco para maximizar tus talentos y oportunidades no consiste en convertirte en una persona menos considerada y generosa, sino en tener un propósito y una intención en tus elecciones, al tiempo que abordas los comportamientos que te mantienen estancada.

EL PROBLEMA DEL ESTANCAMIENTO

¿Cómo sabes si estás atascada?

El estancamiento suele manifestarse de diferentes maneras que, sin embargo, están interconectadas.

- Sientes que algo te impide avanzar o llevar la vida que se supone que debes vivir.
- Te sientes incapaz de romper con las circunstancias que conspiran para reprimirte.
- Sientes que tus contribuciones no son reconocidas o apreciadas.
- Sientes que la gente que te rodea no tiene ni idea de lo que eres capaz de conseguir.

El estancamiento puede parecer circunstancial, el resultado de tu situación o la culpa de alguien que tiene poder o influencia sobre ti. Y esta percepción puede reflejar cierto grado de verdad. Pero también es útil tener en cuenta los modos en los que puedes estar atascada. Al fin y al cabo, tus respuestas contribuyen a dar forma a tus circunstancias. Y tus comportamientos determinan la forma en que los demás te responden. Por eso es tan importante ser capaz de identificar estos comportamientos.

Considera los siguientes casos.

Caso 1: No ser reconocida por lo que haces bien

Ellen es ingeniera de *software* en una empresa de Silicon Valley en pleno auge que se ha comprometido con el desarrollo de las mujeres. Es una ingeniera con talento, pero también es más extrovertida, empática y socialmente hábil que muchos de sus colegas ingenieros. Como resultado, ha sido capaz de establecer conexiones inusualmente amplias durante los tres años que lleva en su empresa.

Se describe a sí misma como «una persona a la que acudir», un punto de apoyo en torno al cual se forman las relaciones. Los compañeros de trabajo le envían a menudo correos electrónicos con preguntas o solicitudes de ayuda. Ella les pone en contacto con otros empleados que pueden ser útiles o con los recursos que necesitan. Esto la ayuda a ser eficaz en su trabajo y mejora el flujo de trabajo en su unidad. Su jefe ha comentado con frecuencia lo bien que parecen ir las cosas.

Dado que Ellen se enorgullece de su capacidad de conexión y la considera un aspecto esencial del valor que aporta, se quedó atónita cuando, durante el retiro anual de revisión del rendimiento de su unidad, su jefe señaló en una evaluación por lo demás excelente que «ella necesita darse a conocer mejor en la organización, tener más presencia y promover más activamente lo que hace nuestra división». «No podía creerlo», dice. «Lo que siempre he pensado que se me da mejor, ¡y me dice que me quedo corta! Incluso lo convierte en el centro de su crítica».

El hecho de que sus esfuerzos y habilidades no fueran reconocidos hizo que Ellen se sintiera invisible e infravalorada, atrapada en un papel ingrato trabajando para un jefe desagradecido. «Me sentí realmente herida», dice. «¿Cómo podía no reconocer lo que yo aportaba?».

No fue hasta unos meses después de la revisión, cuando escuchó a un *coach* empresarial hablar sobre la necesidad de llamar la atención activamente sobre el valor que proporcionas, que Ellen se dio cuenta de lo que había pasado. «Me di cuenta de que había una razón muy sencilla por la que había pasado por alto mi papel como conectora: nunca le había contado lo que hacía. Nunca había mencionado a todas las personas con las que me relacionaba a lo largo del día, de la semana o del mes. De alguna manera, esperaba que lo supiera. Pero él no controlaba mi correo electrónico, no se quedaba en la puerta de mi despacho mirando quién entraba y salía, así que no tenía forma de saber con cuánta gente estaba en contacto. En realidad, estaba llamando mucho la atención sobre lo que hacía nuestra división, pero me había olvidado por completo de hacérselo saber».

Ellen se dio cuenta de que tenía un problema con el hábito uno, la reticencia a reivindicar tus logros, y con el hábito dos, esperar que los demás noten y premien espontáneamente tus contribuciones.

Caso 2: Agachar la cabeza antes de crear alianzas

Carrie acababa de conseguir un gran ascenso en su empresa de servicios financieros, dirigiendo la unidad de evaluación de riesgos de alto nivel. Al venir del sector de la banca de inversión, no estaba muy familiarizada con la extensa normativa que requiere la gestión de riesgos y se sentía muy presionada para ponerse al día. La presión era aún más intensa por el hecho de que su predecesor, una antigua superestrella de la empresa, había tomado decisiones imprudentes que dieron lugar a sanciones del gobierno y fue despedido en forma muy pública como resultado.

Deseosa de ayudar a restablecer el buen nombre de su empresa y recompensar la confianza del equipo ejecutivo en sus capacidades, Carrie decidió dedicar sus primeros tres meses a aprender todo lo posible sobre la gestión de riesgos y a estudiar los requisitos normativos. Pensó que tenía que convertirse en una experta en el tema para no cometer ningún error. Una vez que lo hiciera, se dijo a sí misma, podría salir a respirar y empezar a establecer las relaciones que ayudarían a reconstruir su destrozada unidad.

Pero casi desde el primer día se encontró con una avalancha de peticiones de ayuda e información a las que aún no estaba preparada para responder. Las personas de su unidad querían tener una idea clara de lo que ella esperaba de ellas, y el equipo directivo de la empresa quería estar informado. Carrie sabía que había personas en la empresa que podían ayudarla, pero no quería pedir apoyo hasta que sintiera que podía hablar con credibilidad sobre el riesgo. Después de todo, la habían puesto a cargo, lo que significaba que se suponía que tenía una idea clara de lo que estaba haciendo.

Pero los intentos de Carrie de aislarse para comprender mejor su tema le costaron rápidamente la reputación de ser inaccesible y distante. Sus subordinados directos se quejaron de que no les orientaba, mientras que varios miembros del equipo ejecutivo temían que les ocultara información como hacía su predecesor.

Finalmente, el director general, al que conocía desde hacía casi veinte años, la llamó a su despacho y le preguntó qué demonios estaba pasando. Le dijo que la había puesto en el puesto porque la gente confiaba en ella, pero que ella estaba consiguiendo dilapidar esa confianza.

Carrie se vio obligada a reconocer que había sido víctima del hábito tres, sobrevalorar la experiencia, así como del hábito cinco, no conseguir aliados desde el primer día.

Caso 3: Comprometerse en exceso en un esfuerzo por agradar

Miranda es una asociada sénior en un próspero bufete de abogados global que ha crecido rápidamente gracias a una serie de fusiones. Recibe con regularidad los mejores encargos del abogado principal que dirige el derecho mercantil, su campo de práctica, y ve el potencial de construir una sólida carrera en el bufete. Pero sabe que, para ascender, debe participar activamente en algunos comités esenciales y conocer a los socios de las dispersas oficinas del bufete.

Así que se lanzó a por todas, ofreciéndose como voluntaria para ocupar puestos de liderazgo tanto en la red de liderazgo femenino como en la red de la empresa para hablantes nativos de chino. También se inscribió en el comité de planificación de la reunión mundial de socios del bufete, aunque pronto se dio cuenta de que enterrarse en los detalles del diseño de las invitaciones, aunque es algo que le gusta y se le da bien, no era una forma eficaz de conocer a los líderes del bufete.

Compaginar estos compromisos con un aumento repentino del número de casos comerciales que van a juicio resultó ser un reto, pero Miranda se enorgullece de ser una glotona del trabajo. Por eso, cuando un asociado sénior de su bufete le recomendó codirigir una nueva iniciativa que examinaba las prácticas de contratación en el bufete, aprovechó la oportunidad. El trabajo requería viajar a varias oficinas para entrevistar a los equipos de contratación, lo que supuso que le daría la oportunidad de hacerse más visible.

Pero sus primeros viajes dejaron claro que se reuniría con el personal para resolver los detalles administrativos en lugar de charlar con los socios contratantes como ella había imaginado. Era un trabajo interesante, pero Miranda no tardó en darse cuenta de que se estaba esforzando al máximo. A medida que su práctica de litigios se calentaba, decidió a regañadientes dejar el compromiso de contratación, pero le preocupaba que el colega que la recomendó se sintiera decepcionado. Se dirigió a él con recelo y se sorprendió cuando aceptó rápidamente que el proyecto requería mucho trabajo sin seguridad de las recompensas.

Si es así, se preguntó, ¿por qué la recomendó?

«Oh», respondió con indiferencia. «Estaba demasiado ocupado para hacerlo. Y tú parecías alguien que básicamente diría que sí». Miranda se dio cuenta de que se había tropezado con el hábito ocho, la enfermedad de agradar.

HÁBITOS

Ellen, Carrie y Miranda son talentosas, trabajadoras, inteligentes y ambiciosas. Han elegido carreras y empresas en las que tienen potencial para ascender. Han gestionado su vida personal de manera que les ha permitido avanzar en sus carreras. Cada una de ellas está, según la gran frase de Sheryl Sandberg, «*Leaning in*, yendo hacia delante».

Pero también han dejado que los hábitos que desarrollaron en etapas anteriores de sus carreras se interpongan en el camino al siguiente nivel. Por ejemplo, el primer trabajo de Ellen como ingeniera fue en una empresa emergente dirigida por un famoso lobo solitario que se autopromocionaba y en el que se benefició al no cantar nunca sus propias alabanzas ni hablar de lo que hacía. Sin embargo, ahora trabaja en una empresa muy grande en la que todas las divisiones deben competir por la atención. En estas circunstancias, su práctica establecida de «no hacer perder» el tiempo a su jefe hablándole sobre lo que está logrando termina perjudicándola.

Del mismo modo, el enfoque de Carrie de ir al grano le valió elogios cuando era banquera de inversiones y fue una de las principales razones por las que ascendió más rápidamente que sus compañeros. Pero su nuevo puesto requiere habilidades de liderazgo más que un trabajo tenaz o experiencia en la materia, lo que significa que no puede posponer el desarrollo de relaciones ni descuidar a los que buscan su orientación. Fue elegida para su nuevo puesto por su reputación de integridad, no por ser una experta en riesgos. Al no involucrar a las personas de su unidad que tienen conocimientos especializados, indica que tiene problemas para confiar en los demás. Esto hace que los demás se pregunten qué tiene que ocultar.

Por último, el afán de Miranda por complacer fue visto como lealtad y devoción durante sus primeros años en su bufete. Así que la lección que se llevó de su rápido ascenso a asociada sénior fue que decir sí es la forma de ser recompensada. Esto le hizo pasar por alto hasta qué punto sus compromisos debían ser estratégicos. Al ofrecerse voluntariamente para algo que no servía realmente a sus intereses, se dejó aprovechar por un colega que tenía muy en cuenta su propia trayectoria estratégica.

Cada una de estas mujeres, con las mejores intenciones, encontró una manera de autosabotearse. Cada una desempeñó un papel involuntario en su propio estancamiento. Cada una ofrece un gran ejemplo de cómo las mujeres extremadamente dedicadas pueden beneficiarse aprendiendo que lo que las llevó hasta allí no las llevará más allá.

PILOTO AUTOMÁTICO

Además de sentirse situacional, el estancamiento puede sentirse profundamente arraigado. A medida que te acostumbras a ciertos comportamientos, puedes empezar a asumir que son intrínsecos a tu carácter, parte de quién eres.

Así pues, si te alejas de una oportunidad porque no te gusta hablar ante grandes multitudes, puedes racionalizar que siempre has sido así, incluso en la escuela primaria, cuando eras de las últimas en levantar la mano. Si te sientes incómoda al hablar de tus logros durante una evaluación de rendimiento, puedes recordar que tu madre siempre decía que solo las personas egoístas hablan de sí mismas.

Por eso, abordar el cambio desde una perspectiva puramente psicológica puede ser desalentador. Hay que trabajar a través de todas las capas y experiencias que han habituado tus respuestas. Se trata de un ejercicio que requiere mucho tiempo, que puede ser paralizante y que a menudo requiere orientación profesional.

Pero enfocar el cambio de comportamiento sustituyendo los viejos hábitos por otros nuevos es algo que da poder. También es algo que puedes hacer por ti misma, sin ayuda de un terapeuta o *coach*. Al fin y al cabo, es probable que hayas tenido experiencia con los malos hábitos en el pasado. Tal vez fumabas de adolescente. Tal vez solías comer palomitas cada vez que veías la televisión. Tal vez no prestabas atención cuando la gente hablaba, sino que dejabas que tu mente divagara. Quizá siempre llegabas cinco (o diez o quince) minutos tarde.

Como descubriste si fuiste capaz de superar esos hábitos, en realidad no eran aspectos de tu carácter. Tampoco eran reflejos de «tu verdadero yo». Eran simplemente formas de existir en el mundo a las que te habías acostumbrado, comportamientos que se habían convertido en tu modo por defecto.

La mayoría de los hábitos se inician por una razón. Tal vez buscabas una forma de lidiar con el estrés. Tal vez la presión social estaba en juego.

Tal vez querías desconectar de las situaciones que te resultaban abrumadoras.

Lo que pasa con los hábitos es que tienden a quedarse incluso cuando las condiciones que los originaron ya no existen. Por eso, dedicar mucho tiempo a intentar averiguar por qué los mantienes no suele ser el enfoque más fructífero. Lo haces porque lo has hecho repetidamente a lo largo del tiempo. Se han convertido en tus respuestas habituales, inconscientes y rutinarias.

En otras palabras, tus hábitos no son tu personalidad. Eres tú en piloto automático.

Cuando estás en piloto automático, no estás pensando realmente en *esta* situación, en *este* momento, en *este* reto o en la respuesta específica que requiere. Simplemente reaccionas de una forma que se ha vuelto cómoda para ti a lo largo del tiempo. Tu cerebro ahorra mucha energía de esta manera. Gastas menos calorías mentales. Pero no estás realmente presente en lo que estás haciendo. Por eso no estás considerando si tu comportamiento te está sirviendo ahora.

A Ellen no se le ocurrió darle a su jefe los detalles sobre cómo estaba conectando con la gente de la empresa porque se había acostumbrado a no hablar de sí misma. Agachar la cabeza se había convertido en su respuesta habitual.

Carrie no cuestionó sus esfuerzos por posicionarse como experta en su nuevo puesto porque estudiar mucho y dominar su materia era la forma en que siempre había manejado los nuevos desafíos. Se sentía incómoda cuando no conocía las respuestas.

Miranda nunca se detenía a pensar si decir que sí a un colega que le hacía una sugerencia la ayudaría a llegar a donde quería porque estaba muy acostumbrada a decir que sí. La palabra parecía salir volando de su boca antes de tener la oportunidad de considerar los pros y los contras de la sugerencia.

Cada una de estas mujeres utilizaba una vieja plantilla en nuevas circunstancias, y se las arreglaba para quedarse atascada en el proceso.

DESATASCARSE

Para desatascarte, para dejar ir un comportamiento que ya no te sirve, necesitas en primer lugar reconocerlo como un hábito. Necesitas traerlo a la conciencia para poder empezar a probar nuevas respuestas y ver si estas te dan resultados diferentes.

Esto puede resultar incómodo e incluso peligroso. Puede hacerte sentir vulnerable, tonta y expuesta. Pero hemos visto que funciona, cientos, incluso miles de veces a lo largo de muchas décadas. Cuando funciona, genera energía y confianza. Y esa energía hace que sea más fácil mantener el esfuerzo.

Ellen

Una vez que Ellen se sobrepuso a su dolor y se dio cuenta de que su jefe no la veía como un conector porque no se lo había hecho saber, pudo pasar a la acción. Decidió enviarle por correo electrónico una breve nota todos los viernes por la mañana durante tres meses con una lista de todas las personas con las que había hablado y señalando cómo había podido ayudarlas. No le dijo lo que iba a hacer ni le preguntó si debía hacerlo. Se limitó a seguir adelante.

Dice: «Al principio me sentí bastante ridícula. Pensaba que estaba ocupado, ¿por qué iba a molestarle para hablar de mí? Me sentí egoísta, absorbiendo mucho tiempo para insistir en lo conectada que estaba. Cuando no recibía una respuesta de él —lo cual era habitual— me preguntaba si me estaba enviando un mensaje de que esto no era útil. Pero de vez en cuando me enviaba un correo electrónico diciendo que había hecho un buen trabajo. Y eso me hacía seguir adelante».

Al final de los tres meses, Ellen y su jefe tuvieron su reunión trimestral. Cuando ella entró en su despacho, él se acercó a saludarla en lugar de quedarse en su mesa, como era su costumbre. «Lo primero que dijo fue que se alegraba de que le hiciera saber con quién estaba en contacto.

Dijo que era importante; era una información que necesitaba saber. Me dijo que mis conexiones fortalecían a nuestro equipo, lo que significaba que lo fortalecía a él. Nunca lo había pensado así, pero me di cuenta de que era cierto».

Carrie

El gran despertar de Carrie se produjo cuando su director general se enfrentó a ella por cómo estaba perdiendo la confianza de la gente. «Tuve ganas de renunciar en ese momento o de esconderme en un agujero. Me mataba pensar que lo había defraudado a él —y al consejo». En lugar de eso, se armó de valor, escribió unos cuantos puntos sobre cómo pensaba cambiar y se los dio para la tarde siguiente.

«No tenía ni idea de que iba a decir eso, pero sabía que era la respuesta correcta. Es una persona que puede hacer lo que quiera y tiene poca capacidad de atención, así que explicarle por qué me había equivocado no tenía importancia. Él querría acción, lo que significaba darle puntos claros y contundentes de inmediato en lugar de un plan bien elaborado a fin de mes». Empezó a anotar todo lo que había ido mal, sin censurarse, dejando que fluyera. Cuando leyó sus notas esa noche, salieron a la superficie un par de temas. Se dio cuenta de lo asustada que estaba por no saber las respuestas a preguntas que, de hecho, no tenía forma de conocer. Y se dio cuenta de que ese miedo la había llevado a esconderse de las mismas personas que podían ayudarla en lugar de reclutarlos como aliados en un esfuerzo común.

Los puntos que envió a su director general adoptaron la forma de una lista de nombres: personas de su unidad con experiencia en diversas formas de riesgo cuyas opiniones y juicios pensaba solicitar, a veces individualmente, a veces en un grupo de trabajo. «Me sentí incómoda, y un poco tarde, pero pensé que no tenía nada que perder. Si caía, lo haría con la cabeza alta, preguntando a mi equipo lo que pensaba, estableciendo relaciones porque para eso me habían contratado». Funcionó.

Miranda

Miranda se quedó tan sorprendida cuando su compañero de trabajo admitió que la había ofrecido como voluntaria para una tarea ingrata porque «pareces el tipo de persona que diría que sí» que consideró quejarse con él o incluso decírselo a su jefe. Pero entonces se dio cuenta de que solo estaba expresando algo que era realmente cierto. Era alguien con quien se podía contar para decir que sí incluso cuando no servía realmente a sus intereses. «Yo soy la que se puso en esa posición porque soy muy complaciente con la gente. Lo que significa que soy yo quien tiene el poder de cambiarlo».

Aunque se sintió incómoda, inmediatamente hizo saber al jefe del comité de contratación que su carga de trabajo le impedía continuar con su función de voluntaria. Entonces hizo algo inteligente: decidió practicar un nuevo comportamiento. Pidió a una buena amiga, que trabajaba en otra parte de su empresa, que dedicara cinco minutos al día a pedirle que hiciera cosas a las que ella diría que no. «Apenas sabía lo que era un no en mi boca», explica. «Lo asociaba con ser poco cooperativa y egocéntrica. Así que tuve que sentirme cómoda con la idea de que podía ser una buena persona que también podía ser clara y decir no cuando lo necesitaba».

Estas sesiones resultaron ser tan útiles y divertidas que Miranda y su amiga decidieron convertirlas en una práctica habitual, programando tiempo para trabajar en nuevos comportamientos y responsabilizándose mutuamente de los cambios.

Ellen, Carrie y Miranda descubrieron que el cambio de comportamientos específicos podía conducir a cambios en los resultados: resultados que aumentaban la probabilidad de llegar a donde querían. Al reconocer el papel que estaban desempeñando en sus propias circunstancias e identificar los comportamientos específicos que las perjudicaban, pudieron hacer cambios y desatascarse.

3

Cuando las mujeres se resisten al cambio

Si reconoces que necesitas cambiar para avanzar, ¿por qué es tan difícil cambiar? Porque la resistencia es una fuerza poderosa. Si alguna vez has luchado por seguir una dieta, incorporar más ejercicio a tu rutina diaria, convertirte en una oyente más paciente y comprometida, o simplemente estar presente en tus momentos en lugar de dejar que tu mente se precipite constantemente, sabes lo que es luchar contra el demonio de la resistencia.

Y no te equivoques, la resistencia es un demonio. Te impide tener la vida que quieres e imaginas para ti, en el trabajo, con tu familia, con tus amigos, en lo que respecta a tu salud. Por eso, aprender a reconocer y trabajar con tu propia resistencia es uno de los mayores favores que puedes hacerte.

Hay dos factores que entran en juego cuando te resistes a hacer cambios que sabes que podrían marcar una diferencia positiva en tu vida.

En primer lugar, está el simple hecho fisiológico de que todo tu sistema neurológico está diseñado para favorecer el camino de menor resistencia, el camino que has creado con tus pensamientos y acciones anteriores. Cuando repites comportamientos, estableces vías neuronales, como si crearas surcos en tu cerebro. Esto prácticamente garantiza que la próxima vez pensarás o actuarás de forma similar.

Esas vías establecidas son la razón por la que cambiar los comportamientos que te son familiares es una experiencia incómoda: básicamente, el cerebro intenta defenderse. Envía señales urgentes de que estás haciendo caso omiso de las conductas asentadas. «Oye, son las tres de la tarde, ¿por qué no estás comiendo algo dulce? Oye, ese fragmento que pasa por tu mente ahora mismo es más importante que lo que dice la persona con la que estás hablando. Oye, ¿no se supone que te sientes como una víctima?».

Ignorar estas señales requiere energía neuronal y una concentración constante, lo que es especialmente difícil cuando se trata de muchas exigencias o se intenta lograr algo. Así que cedes a las conductas familiares (vale, solo me comeré la mitad de ese dónut), aunque al hacerlo solo se refuerzan las vías neuronales que te mantienen atada al hábito que estás tratando de romper.

La dificultad se ve agravada por el hecho de que también inventas razones para continuar con comportamientos que te han resultado cómodos o que te han servido en el pasado. Si comes el dulce, te prometes a ti misma que mañana empezarás a hacer dieta. Si sigues interrumpiendo a alguien en lugar de escucharle, te dices a ti misma que tiene que oír lo que estás diciendo. Si te metes en la madriguera de la autocompasión, te preguntas por qué la otra persona ha decidido atacarte. Todo esto parece plausible hasta que consideras que ceder a las conductas familiares hoy significa que volverán a perseguirte mañana. Todo lo que has hecho es dar a tus comportamientos establecidos veinticuatro horas para que se afiancen más.

Las personas de éxito son especialmente hábiles a la hora de inventar justificaciones para continuar con comportamientos en el lugar de trabajo que ya no les sirven por la sencilla razón de que estos comportamientos parecen haberles funcionado en el pasado. Después de todo, han recibido unos cuantos ascensos y han recibido excelentes comentarios a lo largo de los años. Se sienten relativamente bien encaminados. Así que, si no está roto, ¿por qué intentar arreglarlo? En *Un nuevo impulso*, Marshall muestra cómo la resistencia a menudo tiene su origen en lo que él denomina la ilusión del éxito: la creencia de que, como has tenido éxito, no solo no necesitas cambiar, sino que probablemente no deberías hacerlo. Porque, si lo haces, podrías perder tu ventaja.

Como *coach*, Marshall suele ver que la resistencia al cambio se manifiesta en tres etapas.

- En la primera etapa, la persona decide que quien le sugiere que debe cambiar debe estar confundido.
- En la segunda fase, la persona empieza a reconocer que, aunque la sugerencia general sobre el cambio puede ser válida, la crítica no se aplica a ella; si lo hiciera, ¿por qué tendría tanto éxito?
- En la tercera etapa, la persona simplemente ataca a quien le sugiere que debe cambiar algo de sí misma. Se limita a culpar al mensajero. Esto le permite seguir creyendo en sus propios razonamientos.

Marshall se ha acostumbrado a ver este patrón. Pero la mayoría de los líderes y poderosos son hombres. Así que la pregunta que debemos hacernos es si este patrón de resistencia es también típico entre las mujeres.

Por supuesto, algunas mujeres reaccionan así. Las mujeres, como todos sabemos, no son todas iguales. Tampoco lo son los hombres. El género es solo uno de los factores que determinan la forma en que cada uno de nosotros responde a la retroalimentación, las observaciones, las sugerencias y las críticas, a cualquier prueba que podamos necesitar para cambiar un comportamiento.

Sin embargo, las mujeres tienen a menudo experiencias muy diversas en el trabajo y pueden provocar respuestas distintas de las personas con las que trabajan. A menudo, lo que dicen se escucha de forma diferente, o no se escucha en absoluto, un fenómeno conocido popularmente como «hablar siendo mujer». Pueden tener más responsabilidades, especialmente en casa. Pueden definir el éxito de forma diferente, como hemos visto.

Así que no es de extrañar que la resistencia de las mujeres pueda aflorar de distintas maneras. Formas que pueden mantenerlas estancadas, pero que también les dan un trampolín para avanzar.

Volvamos a Ellen en el último capítulo, la ingeniera de Silicon Valley cuyo jefe la calificó con una nota baja durante su revisión anual del rendimiento porque no la percibía bien conectada en la organización. Su crítica la confundió y molestó (primera etapa del modelo original de Marshall). Pero no rechazó de plano sus observaciones basándose en la creencia de que siempre había tenido éxito (segunda etapa). Tampoco decidió que él era el que tenía el problema ni le culpó por lo que había dicho (estadio tres). No. Su energía emocional no se dedicó a adoptar una postura defensiva, sino a sentirse mal. Se sintió más herida que despreciada. Lejos de desestimar su valoración, se la tomó muy a pecho. Si no había transmitido lo que estaba contribuyendo, debía ser su culpa.

Esta respuesta la paralizó durante unas semanas porque se sentía avergonzada por no haber estado a la altura de las expectativas de su jefe y un poco desesperada por ser tan incomprendida. Solo cuando escuchó a un *coach* profesional hablar de la necesidad de llamar activamente la atención sobre el valor que aportas en lugar de esperar que los demás se den cuenta de lo que haces, empezó a preguntarse por qué no había transmitido con precisión el valor que ella aportaba a su jefe.

Notarás que, aunque había disfrutado de bastante éxito en su corta carrera, Ellen no se centró defensivamente en eso al responder a la evaluación crítica de su jefe. El estancamiento que experimentó no provenía de ningún tipo de ilusión de éxito, sino más bien del dolor inhibidor y la sensación de fracaso que sintió al escuchar lo que él tenía que decir.

Al igual que en los ejemplos de Marshall, su primera respuesta fue la resistencia, pero era la resistencia del dolor. Una vez que superó este sentimiento, fue capaz de seguir adelante en lugar de racionalizar, ponerse a la defensiva, culpar a su jefe o concluir que simplemente no podía hacerlo.

Ambos vemos con frecuencia a mujeres que reaccionan a los comentarios difíciles como lo hizo Ellen. Así que hemos ideado tres etapas alternativas de resistencia para describir la forma en que las mujeres suelen responder a los comentarios no deseados.

- En la primera fase, la mujer reaccionará a la sugerencia de que necesita cambiar sintiéndose desanimada e infravalorada. Esto puede ser bastante doloroso y provocar cierto grado de parálisis.

- En la segunda etapa, la mujer comenzará a considerar por qué quien ofreció la evaluación pudo haberla hecho. ¿Existen motivos válidos? ¿Cuáles fueron las circunstancias? ¿La crítica tuvo que ver con su condición de mujer?

- En la tercera etapa, la mujer comenzará a examinar cómo su propio comportamiento puede haber desempeñado un papel en la formación de las percepciones que condujeron a la crítica. ¿Qué podría haber hecho o dejado de hacer? ¿Qué podría hacer de forma diferente? En lugar de centrarse en el mensajero, examinan sus propias acciones.

Como puedes ver, la resistencia sigue operando en este modelo, pero adopta una forma diferente. Y las etapas dos y tres ofrecen un puente hacia la acción constructiva. Son potencialmente mucho más productivas que las etapas dos y tres del modelo de Marshall de lo que no funciona.

Por favor nota que no estamos diciendo que las mujeres sigan siempre este modelo. Ambos hemos trabajado con mujeres que rechazan cualquier crítica sin más y son muy hábiles para culpar al mensajero. Pero responder con dolor, siempre que puedas evitar sentirte paralizada o desanimada durante mucho tiempo, te pone en un camino diferente que, con el tiempo, puede dar resultados positivos, si puedes aprovechar ese dolor para actuar.

RESISTENCIA Y ESTEREOTIPOS

Todo esto está muy bien, dirás tú, pero las mujeres siguen sin jugar en igualdad de condiciones, lo que puede afectar a su evaluación. Por poner un ejemplo conocido, los estudios han demostrado que, cuando se considera un ascenso, las mujeres tienen más probabilidades de ser evaluadas en función de sus contribuciones, mientras que los hombres tienen más probabilidades de ser evaluados en función de su potencial, un criterio nebuloso que puede hacer que un hombre menos cualificado consiga el puesto.

Los estereotipos también pueden influir en la respuesta que reciben las mujeres, lo que lleva a varios escenarios de «condenada si lo haces, condenada si no lo haces». Hablas demasiado o no lo suficiente. Eres demasiado agresiva o no te haces valer. Sonríes todo el tiempo o estás siempre con el ceño fruncido.

Así que no es de extrañar que el modelo positivo de las etapas antes señaladas pueda distorsionarse. Si crees que quien te ofrece un comentario negativo no entiende a las mujeres, serás menos receptiva a él. Es posible que te sientas herida —o irritada, o enfadada, o que lo encuentres chistoso—, pero también es probable que seas escéptica y consideres la fuente.

Una banquera de inversiones con la que Sally trabajó en Nueva York nos da un ejemplo. «Nuestra empresa es famosa en todo el mundo por ser despiadada», señaló. «Nuestra gente es ferozmente ambiciosa y básicamente adopta la actitud de "me muevo rápido, así que tienes que apartarte de mi camino". Sin embargo, los jefes masculinos me criticaban constantemente por tener los "codos afilados". Siempre lo vi como un ejemplo de sesgo inconsciente. Todo el mundo en nuestra cultura tenía los codos afilados, así que era básicamente una tontería. Yo lo sabía, así que ignoraba los comentarios».

Por supuesto, los hombres no son los únicos que muestran prejuicios inconscientes. Las mujeres también pueden ser muy críticas entre ellas. Si recibes a menudo valoraciones negativas de una jefa, puede que te encuentres desestimando lo que dice basándote en tu percepción de que es desesperadamente competitiva con otras mujeres. O puedes creer que está celosa de ti, por la atención que recibes, porque amenazas su estatus de abeja reina en una organización muy masculina, porque eres más joven o por tu aspecto. Los estereotipos pueden complicarse especialmente cuando se añaden las diferencias raciales o étnicas a la mezcla. Si eres afroamericana, puedes tener buenas razones para creer que tu jefe te evalúa con criterios diferentes a los que utilizaría para los blancos. O puedes percibir que su comunicación contigo es rígida e inauténtica porque solo se siente cómodo hablando con personas que se parecen a él. Como dijo Kemala, cliente de Marshall, «el jefe de nuestra división me decía constantemente que "mi actitud" incomodaba a la gente. Pero creo que lo decía porque se sentía incómodo conmigo como persona negra. Parecía proyectar su incomodidad en los demás para poder, de alguna manera, hacer que fuera mi culpa y conservar la imagen que tenía de sí mismo como una gran persona que podía llevarse bien con todo tipo de personas».

Tras un tiempo de resentimiento, Kemala decidió enfrentarse a su jefe de forma directa pero con cierto humor, enviándole recortes que mostraban lo común que era para los afroamericanos ser criticados por tener «un problema de actitud». Entonces le dijo que reconocía que tenía margen de mejora y le pidió que fuera más específico en sus comentarios. «Después de eso», dice, «nuestra relación empezó a cambiar. Más tarde me dijo lo útil que había sido mi pequeña intervención».

Del mismo modo, si eres latina, puedes sentir que los estereotipos juegan un papel cuando recibes comentarios sobre ser «demasiado emocional». Si eres asiática, puedes sospechar cuando te digan que no hablas lo suficiente. En cualquier caso, puedes estar segura de que esos comportamientos no te caracterizan en absoluto. Y puedes sospechar que los comentarios se basan en prejuicios inconscientes.

Es posible que tengas razón, y si es así, puedes optar por enfrentarte a ello, como hizo la clienta de Marshall con el supuesto «problema de actitud». Pero también es útil equilibrar el reconocimiento de que pueden existir estereotipos con la voluntad de considerar el papel que tú puedes estar desempeñando en la creación de una percepción específica. Si te encuentras rechazando habitualmente los comentarios porque crees que son tendenciosos, podrías preguntarte si esto es una forma de resistencia.

Al fin y al cabo, aunque haya cierto grado de parcialidad, se sigue dando información. Es importante recordar que las percepciones de nuestros interlocutores clave son reales para ellos. Centrarse solo, o incluso principalmente, en lo que está mal en quien da la información no suele ser la vía más eficaz para alcanzar el siguiente nivel de éxito. Por el contrario, puede convertirse en una forma sutil de culpar al mensajero, lo cual es una buena manera de quedarse estancada de forma improductiva.

Una de las razones por las que Ellen, la ingeniera, tuvo tanto éxito en cambiar la percepción de su jefe fue que no dedicó ningún tiempo a pensar en sus posibles defectos. Trabajaba en una unidad de varios miles de personas, por lo que no veía mucho a su jefe. Casi todos sus subordinados directos eran hombres, por lo que es posible que se sintiera incómodo con las mujeres; ella no tenía forma de saberlo. Pero no se centró en intentar averiguarlo. Una vez superado el *shock* y el dolor, se preguntó cómo su propio comportamiento podía estar contribuyendo a su evaluación y qué podía hacer para cambiarlo.

En otras palabras, cambió su atención a lo que estaba dentro de su poder. Puso su energía en identificar lo que podía controlar. Como se ha señalado, los prejuicios siguen vivos en el lugar de trabajo y pueden influir en la forma de ver y juzgar a las mujeres. Pero eso no significa que los comentarios que puedan parecer estereotipados no tengan validez o no puedan ser útiles. Tomemos el caso de la banquera de inversión de «codos afilados». Cuando Sally trabajó con ella, estaba a punto de hacer la transición a un trabajo gubernamental de alto perfil que requería importantes habilidades diplomáticas. El carácter duro que había desarrollado en la banca no le serviría en esta cultura diferente. La había ayudado a llegar hasta donde estaba, pero inhibiría su ascenso en el futuro.

Así que empezó a escuchar con más atención los comentarios que recibía, pidiendo ejemplos concretos en lugar de descartarlos como absurdos. «Lo que oía podía ser sexista y probablemente lo era», dijo. «Pero cuando necesitaba cambiar, también me pareció útil».

NUESTRAS CREENCIAS DETERMINAN NUESTRA RESISTENCIA

Intentar cambiar un comportamiento que se interpone en tu camino rara vez tiene éxito a menos que entiendas las creencias que lo informan. Las creencias crean el marco que da forma a tus acciones. Proporcionan una justificación de cómo te comportas y ofrecen razones lógicas de por qué no necesitas cambiar.

En *Un nuevo impulso,* Marshall identifica varias creencias dominantes que mantienen a las personas de éxito atascadas. Estas creencias pueden haberles permitido alcanzar cosas maravillosas. Pero estas mismas creencias pueden interponerse en su camino cuando intentan alcanzar el siguiente nivel o pasar a un terreno más desafiante y satisfactorio. Estas creencias sirven a la causa de la resistencia.

Un tema principal que se encuentra en las creencias que Marshall aborda es el exceso de confianza, la creencia de que uno ha triunfado, triunfará, debería triunfar y tiene el poder de triunfar haciendo lo que siempre ha hecho. En su práctica de *coaching,* Marshall está muy familiarizado con altos ejecutivos cuya inquebrantable (y a veces delirante) creencia en su propia autoeficacia y corrección divinas puede hacerles muy resistentes a cualquier tipo de cambio de comportamiento. Consideran que el éxito es lo que les corresponde, el resultado inevitable de su duro trabajo y su brillantez estratégica. En este esquema, la buena suerte y los demás desempeñan un papel secundario.

En algunos casos, esas creencias pueden ser realmente fortalecedoras. Incitan a quienes las tienen a asumir los grandes riesgos que caracterizan a muchas carreras de gran éxito. Inculcan un optimismo que los demás suelen encontrar magnético. Crean resiliencia, la capacidad de capear los contratiempos y los fracasos sin ceder a la duda paralizante.

Ciertamente, hay mujeres que comparten estas creencias fundamentales, mujeres que rara vez parecen cuestionarse a sí mismas, que entran en una habitación esperando ser dueñas de ella y se consideran marcadas para el éxito. Pero esto no es siempre, ni siquiera habitualmente, el caso. Incluso las mujeres con grandes logros a menudo tienen que luchar para mantener su confianza. Tienen que instigarse a sí mismas a declarar en qué son buenas o a recordarse por qué merecen un asiento en la mesa grande. Pueden leer libros de autoayuda destinados a infundir confianza, o escuchar audiolibros o pódcast inspiradores mientras conducen. Pueden practicar afirmaciones positivas, como «Estoy destinada a tener éxito en esta empresa». Pueden actuar «como si» e intentar fingir hasta que lo consigan.

Incluso en los niveles más altos, el exceso de confianza no suele ser un defecto femenino importante.

Nuestra experiencia sugiere que hay un conjunto diferente de creencias básicas que a menudo operan para las mujeres. Estas creencias están en el centro de su resistencia, proporcionando una justificación para los comportamientos que mantienen a las mujeres atascadas.

Creencia 1: La ambición es algo malo

Las mujeres de éxito que buscan ascender son criticadas habitualmente por ser «demasiado ambiciosas». Esto es especialmente cierto en el caso de las mujeres políticas. Pero también es cierto en el caso de las mujeres que trabajan en empresas, organizaciones sin ánimo de lucro, asociaciones, educación o sociedades que buscan activa y abiertamente su propio ascenso. Incluso se oye criticar a las mujeres que intentan posicionarse para liderar un esfuerzo de voluntariado.

¿Qué significa «demasiado ambiciosa»? Parece significar que cualquier mujer que sea ambiciosa es indecorosa, exagerada, demasiado interesada como para confiar en ella. A menudo se describe a los hombres como ambiciosos, por supuesto, pero rara vez con el calificativo *demasiado*. Parece que principalmente se reserva a las mujeres ambiciosas. Por eso no es de extrañar que incluso las mujeres con mucho éxito sean reacias a describirse como ambiciosas.

La psiquiatra Anna Fels, que trabaja con algunas de las mujeres más importantes de Nueva York en el ámbito de las finanzas y el derecho, se dio cuenta de esta reticencia al investigar su maravilloso libro *Necessary Dreams: Ambition in Women's Changing Lives*. Así que preguntó a algunas de sus clientas qué asociaciones les venían a la mente cuando pensaban en mujeres ambiciosas. Las palabras y frases más comunes que utilizaron fueron: egoísmo, autocomplacencia, engrandecimiento y manipulación de los demás para los propios fines.

Teniendo en cuenta su definición, no es de extrañar que incluso las mujeres con mayores logros insistan a Fels en que «no son ambiciosas».

Sally observó una reticencia similar al trabajar con Nicki, socia principal de uno de los mayores bufetes de abogados del mundo. Nicki, de unos cuarenta años, se incorporó a su bufete inmediatamente después de graduarse entre los primeros de su clase en la Facultad de Derecho de Harvard. Fue nombrada socia un poco más tarde que algunos de sus compañeros, pero gracias a sus buenos mentores y a su excelente rendimiento, ascendió rápidamente a los puestos más altos.

A pesar de ser, literalmente, una de las abogadas con más éxito del planeta, Nicki informó a Sally a los pocos minutos de su encuentro de que no se considera ambiciosa. «Soy trabajadora, sí», dijo, «pero no es lo mismo. Pienso que la ambición es como un político que sabe desde que es un niño lo que quiere ser, así que vive toda su vida en ese molde». Nombró a un conocido senador estadounidense que fue miembro de su clase de Harvard. «Era superambicioso y actuaba como un político desde el día que llegó a la escuela. Cada relación, cada curso, fue elegido con el propósito de promover su futura carrera».

Nicki se ve a sí misma como algo muy diferente. «Vine a este bufete porque pensé que sería un gran lugar para empezar mi carrera, no porque me viera como socia. Acabé quedándome porque me gusta el trabajo y porque me encanta el *feedback* que recibo por mi trabajo. Siempre me ha motivado el buen *feedback*. Por eso sacaba buenas notas en la escuela. Lo mismo ocurre aquí: disfruto complaciendo al cliente, al juez o al compañero de turno. Esa ha sido básicamente mi motivación».

Está claro que Nicki ve la ambición con un prisma negativo. No quiere que se la asocie con la palabra, aunque uno podría pensar que llegar a la cima de un importante bufete de abogados mundial requeriría y daría pruebas de ambición.

Nicki también asocia la ambición con el hecho de centrarse únicamente en el poder posicional, algo que, según ella, no la motiva. «Mi trabajo en el bufete nunca se ha centrado en la posición. Estoy aquí porque el trabajo me satisface y disfruto del reto». Su actitud refleja la investigación citada en el capítulo dos, que muestra que las mujeres tienden a estar más comprometidas con una experiencia laboral de alta calidad y con la creencia de que están teniendo un impacto que con medidas abstractas de posición y rango.

Sin embargo, es sorprendente hasta qué punto las mujeres permiten que se defina la ambición por ellas. No hay ninguna razón por la que aspirar a tener un trabajo satisfactorio y marcar la diferencia en el mundo no pueda ser una forma de ambición, ni por la que la ambición deba considerarse automáticamente como arrogante, egocéntrica o poco fiable. La ambición podría definirse más útilmente como el deseo de maximizar tus talentos al servicio de un trabajo que consideras valioso y gratificante. Elegir creer lo contrario, o hacer juicios negativos sobre la ambición, puede convertirse en una forma de racionalizar la resistencia.

Creencia 2: Ser una buena persona significa no decepcionar a los demás

Muchas de las mujeres con las que trabajamos se esfuerzan por ser personas maravillosas. Esto es algo estupendo y ayuda a hacer del mundo un lugar mejor. Pero este deseo puede ir en contra de uno si se alía con la creencia de que ser maravilloso significa no decepcionar nunca a los demás. Ya lo vimos en el caso de Miranda, la asociada de un bufete de abogados de alto nivel que se aferró a un compromiso que le exigía mucho tiempo y que socavaba su eficacia porque era reacia a decepcionar a un colega ocasional. Aunque ese colega la había ofrecido para un rol que él prefería evitar.

Marshall trabajaba con una consultora que era muy querida en su empresa y en su sector. Era conocida entre colegas y clientes como «la maravillosa Lina». Otras empresas habían intentado contratarla, pero ella se negaba a considerar cualquier oferta porque no quería romper su equipo. En parte, esto era inteligente: sabía que se beneficiaba del trabajo de aquellos a los que había criado. Por lo tanto, no se imaginaba que lo que había logrado podría ser duplicado en cualquier circunstancia simplemente por su propia brillantez, como muchos de sus compañeros creían claramente de sí mismos.

Finalmente, una empresa de la competencia hizo una oferta para Lina y todo su equipo, con un contrato que le daba una libertad y un apoyo sin precedentes. Lina estaba encantada, pero, cuando se dirigió a su equipo, varios miembros se mostraron reacios a trasladarse por motivos personales. También expresaron su decepción por el hecho de que ella se planteara dejar una empresa que había sido tan buena para ella.

Esta reacción fue muy inquietante para Lina. Empezó a pensar en todos los mentores, patrocinadores y altos cargos de su empresa que se habían desvivido por ella a lo largo de los años. ¿Cómo reaccionarían ante su marcha? ¿La verían como una desagradecida? ¿Y cómo podía seguir siendo «la maravillosa Lina» si no solo abandonaba a sus colegas sino que se llevaba a parte de su equipo?

Después de mucha angustia, decidió rechazar la oferta. Había algunas buenas razones para hacerlo. Pero su deseo de no desilusionar a la gente para mantener su imagen de persona maravillosa se interpuso en su capacidad de analizar objetivamente los pros y los contras de la oferta. Su incapacidad para separar sus propios intereses de las expectativas de los demás se había convertido para ella en una forma de resistencia. Al final, Lina acabó arrepintiéndose de su decisión cuando dos de los miembros más importantes de su equipo se marcharon en busca de mejores ofertas.

Creencia 3: Las mujeres deben ser siempre un ejemplo para otras mujeres

Marissa Mayer aún era directora general de Yahoo! cuando se quedó embarazada de gemelas. Aunque había liderado una renovación de las políticas de permisos parentales de la empresa para que fueran mucho más generosas, anunció que ella misma se tomaría un tiempo libre limitado para los nacimientos y trabajaría durante todo el tiempo.

Su decisión provocó una tormenta de protestas, siendo la principal crítica que Mayer no estaba sirviendo de modelo, no solo para sus propias empleadas sino, como dijo un comentarista de la prensa, «para las mujeres de todo el mundo». Otro crítico lamentó: «¿Qué clase de mensaje envía? Está haciendo retroceder lo que todas las mujeres han trabajado. Cuando estás a su nivel, no existe la decisión personal porque otras mujeres te toman de referencia».

La idea de que las mujeres de éxito no pueden tomar sus propias decisiones de vida sin considerar primero el impacto potencial sobre todas las otras mujeres es una trampa perniciosa. Tener éxito en un trabajo exigente al tiempo que se intenta mantener una vida personal gratificante ya es bastante difícil para cualquiera en la exigente cultura laboral actual. Esperar que las mujeres calculen también sus decisiones personales en función de cómo las interpretarán los demás añade una carga adicional. No es, desde luego, una carga que se espera que soporten los hombres.

Sin embargo, las mujeres a menudo se encuentran con que sus decisiones y contratiempos son examinados a través de la lente del modelo de conducta. Esto puede convertirse en una fuente de vergüenza y culpa, además de enfrentar a las mujeres entre sí. La carga es especialmente intensa para las mujeres de minorías, de las que a menudo se espera que carguen sobre sus hombros las aspiraciones no solo de otras mujeres, sino de todo su grupo étnico o racial. Si te encuentras atada a esas expectativas, puede que sea el momento de planear tu huida del infierno de los modelos de conducta. Sostenerlo como una creencia fundamental puede minar tu vida. Lo que, si lo piensas, no hace ningún favor a otras mujeres.

Todas las creencias descritas anteriormente tienen su origen en la expectativa de la sociedad de que las mujeres deben anteponer las necesidades de los demás a las suyas propias. Esta expectativa comienza a temprana edad. En general, se premia a las niñas por ser atentas y obedientes, mientras que a los niños se les da más libertad. Tanto los hombres como las mujeres llevan este legado al lugar de trabajo. Aunque modificar las actitudes de la sociedad llevará décadas, mientras tanto puedes beneficiarte de considerar si has interiorizado creencias y expectativas que parecen casi diseñadas para frenarte.

PARTE II

Los hábitos que impiden a las mujeres alcanzar sus objetivos

4

Los doce hábitos

Los doce hábitos que se presentan en este libro son comportamientos que observamos habitualmente y que se interponen en los esfuerzos por ascender de las mujeres de éxito.

Por supuesto, no todos estos comportamientos se aplican a todas las mujeres. La mayoría de las mujeres con las que hemos trabajado tienen problemas solo con unos pocos, mientras que algunas no muestran ninguno. Pero décadas de experiencia profesional con mujeres de prácticamente todos los sectores nos han enseñado que incluso las mujeres de los niveles más altos pueden socavarse a sí mismas con comportamientos específicos de autosabotaje que son diferentes de los que más frecuentemente socavan a los hombres.

Esto no es sorprendente. Como se señaló en el capítulo tres, los hábitos y comportamientos se desarrollan en respuesta a las experiencias, y las mujeres suelen tener experiencias diferentes en el lugar de trabajo que los hombres. Esto no siempre se manifiesta durante los primeros años de la vida laboral de una mujer. Pero en algún momento, estas diferencias surgen… y con los años, empiezan a pasar factura.

Por ejemplo, el conocido fenómeno de «hablar siendo mujer». Diversos estudios confirman la veracidad de una percepción femenina: que los hombres suelen tener problemas para oír a las mujeres cuando hablan. Un ejemplo típico ocurre en las reuniones en las que hay muy pocas mujeres presentes, o incluso solo una, que eres tú. Tú haces un comentario o una observación durante un debate. Nadie comenta nada ni parece darse cuenta. Los demás participantes siguen con la conversación.

A continuación, un hombre, a menudo mayor, pero no necesariamente, dice exactamente lo mismo que tú acabas de decir. Pero la respuesta esta vez es muy diferente. «¡Gran idea, Jack!». O: «Estoy de acuerdo con lo que dice Jack». O, «Solo quiero ampliar el punto de Jack».

De repente, Jack es dueño de la visión.

Miras alrededor de la habitación. Nadie parece darse cuenta de lo que acaba de ocurrir. Así que ahora estás en un dilema. ¿Debes señalar que Jack se está haciendo eco de tus observaciones? ¿Intentas atribuirte el mérito de lo que has dicho? ¿Y por qué nadie se ha dado cuenta cuando has hecho la observación?

Si Jack es superior a ti, probablemente lo dejes pasar. Al fin y al cabo, las organizaciones no suelen ver con buenos ojos a las personas que corrigen a sus superiores, especialmente delante de los demás. Y los jefes suelen recibir el crédito de las ideas que se originan en las personas que trabajan para ellos. Es un hecho en cualquier cultura jerárquica.

¿Pero qué pasa si Jack es un compañero o tiene un puesto un poco más abajo en la cadena de mando que tú? Te sientes como una tonta si te quedas sentada y dejas que te ignoren. Pero, ¿hablar podría hacerte parecer mezquina y ofendida? Tal vez te acuerdes de una compañera a la que le echaron en cara haber hecho una objeción similar en una reunión anterior. O te preocupa que Jack o uno de sus compañeros puedan tomar represalias. Finalmente, decides que no tiene sentido ganarse un enemigo, así que mantienes la boca cerrada. Pero la sensación de que te han faltado al respeto se queda contigo y condiciona tus interacciones con Jack (y tal vez con otros colegas de la sala) en el futuro.

Este es un escenario común; oímos variaciones del mismo todo el tiempo. Es uno de esos pequeños pinchazos a los que las mujeres se enfrentan habitualmente a lo largo de su vida laboral. En los capítulos trece y catorce encontrarás sugerencias sobre cómo manejar este tipo de situaciones. Lo que importa es que este tipo de encuentros a menudo moldean la experiencia laboral de las mujeres. Y como la experiencia moldea el comportamiento, el hecho de que se ignore repetidamente tu voz puede empezar a influir en tu forma de responder, incluso cuando la gente está pendiente de cada una de tus palabras.

Y tus respuestas, con el tiempo, se convierten en hábitos.

GÉNERO NEUTRO

En *Un nuevo impulso,* Marshall examina veinte hábitos o comportamientos que, según él, se interponen en el camino de las personas de éxito. Algunos de ellos, aunque son comunes entre los ejecutivos masculinos que forman su base de clientes, tienden a ser menos típicos de las mujeres.

Estos comportamientos incluyen:

- Ganar demasiado.
- Decirle al mundo lo inteligente que eres.
- Reclamar un crédito que no se merece.
- No reconocer a los demás como es debido.
- Utilizar la ira como herramienta de gestión.
- Negarse a expresar el arrepentimiento.
- No expresar la gratitud.
- Pasar la pelota.

Si sientes que alguno de estos comportamientos es un problema para ti, querrás consultar *Un nuevo impulso* para obtener ideas sobre cómo podrías dejarlos ir. Pero, si reflexionamos, no vemos que estos comportamientos sean especialmente problemáticos para la mayoría de las mujeres. A veces sí, pero no tan a menudo.

Otros hábitos descritos en el libro de Marshall tienden a ser más neutros desde el punto de vista de género. Veamos brevemente cuatro de estos comportamientos.

Juzgando

Si te oyes pensar: «¿Por qué dice esas cosas? ¡Yo nunca lo haría!», estás juzgando a esa persona.

Juzgar significa sentir la necesidad de imponer tus normas a los demás, como si su trabajo fuera estar a la altura de tus expectativas. No es necesario hacerlo verbalmente. También puedes juzgar a otra persona en tu cabeza, comparando su comportamiento con el tuyo, normalmente de forma que te muestre superior.

Si lo piensas, esto es realmente inútil.

Exactamente, ¿por qué esperas que todas las personas con las que trabajas tengan las mismas normas de comportamiento que tú? El hecho de que tú no tengas rabietas, ni trates de vengarte, ni intentes absorber todo el oxígeno de la habitación no significa que nadie más lo haga. Así que no tiene sentido quedarse pasmado porque un compañero, un jefe o un cliente se comporte ocasionalmente (o incluso a menudo) como un auténtico imbécil.

Marshall trabajó con un director general muy crítico que se deleitaba en calificar las respuestas de la gente a las preguntas que planteaba en las reuniones. «Gran idea», decía a un voluntario. «No está tan mal», a otro. «¿De dónde has sacado esa?», a un tercero. Cuando Marshall le llamaba la atención, decía que solo estaba ayudando a su personal. Pero, por supuesto, la gente veía lo que hacía como un juicio. Nunca se le ocurrió que era mejor escuchar en lugar de opinar inmediatamente con sus respuestas, dejar que las cosas se desarrollen y tomarse el tiempo necesario para considerar todo lo que se le decía. Después de aprender este punto aparentemente sencillo, progresó de forma asombrosa para convertirse en un oyente más eficaz.

Emitir juicios de valor suele ser el motor del tipo de cotilleo que puede hacer tóxico un lugar de trabajo. Puede resultar satisfactorio compartir opiniones negativas sobre compañeros de trabajo que te resultan difíciles o que crees que están mal encaminados, pero las observaciones críticas te hacen perder el tiempo y crean una energía negativa que socava tu espíritu y puede alejar a los demás.

Los chismes también te disminuyen como líder, ya que aceptar a los demás con sus defectos es el primer paso para saber cómo tratarlos con eficacia, que es precisamente lo que hacen los buenos líderes. Cuanto más claramente veas a las personas, más estratégica podrás ser. Nublar tu respuesta con valoraciones negativas solo puede entorpecer tu camino.

Empezando con *no, pero,* o *sin embargo*

«No, ya lo hemos intentado así, y ya vimos cómo resultó».

«¿Pero qué pasa si esa información no llega como estaba previsto?».

«Sin embargo, una cosa que olvidaste decir fue».

Es posible que utilices habitualmente calificativos negativos para iniciar tus frases durante las reuniones o las revisiones de rendimiento. Incluso puede que los uses en las sesiones de *brainstorming,* donde se supone que la regla de «ninguna idea es mala» está en vigor. Puede que no estés de acuerdo con lo que dicen los demás. Es posible que simplemente estés dando a conocer tus ideas o tratando de enfatizar la importancia de lo que tienes que decir. O puede que simplemente digas «no», «pero» o «sin embargo» porque has adquirido la costumbre.

Pero empezar con un calificativo negativo siempre equivale a una contradicción directa de lo que otra persona está diciendo. Puede que no sea tu intención, pero la persona con la que hablas lo oye así. Oyen: «Tu punto de vista puede estar bien, pero el mío es mejor». O: «Porque, entiéndelo, lo que voy a decir es realmente importante».

Los calificativos negativos funcionan como tics verbales, hábitos del habla de los que tal vez no seas consciente. Siempre es mejor exponer tu punto de vista sin descalificar primero lo que ha dicho el orador anterior. Un simple «sí», «y» o «gracias» es un paso más amable hacia lo que tienes que añadir o decir.

Poner excusas

En *Un nuevo impulso,* Marshall señala que en el trabajo la gente suele utilizar dos tipos de excusas, contundentes o sutiles. Las excusas contundentes son del tipo «mi perro se ha comido mis deberes». «Siento llegar tarde, el coche de mi niñera se ha estropeado». O «Siento haberme perdido la reunión, mi calendario de Google ha funcionado mal».

El problema de las excusas contundentes es que son una forma ineficaz de posicionarse como líder, como alguien en quien los demás pueden confiar. Recurrir a ellas con regularidad hace que parezca que no tienes las cosas claras o que no quieres asumir la responsabilidad de tus actos. Un «lo siento» sin adornos es siempre más eficaz.

Las excusas contundentes son particularmente ineficaces si también tienes la costumbre de disculparte por cosas que no son ni remotamente tu culpa. Puedes leer más sobre este comportamiento, que es más típico de las mujeres que de los hombres, en el capítulo trece.

Las excusas sutiles son las que utilizas para atribuir un fallo a algún defecto de carácter, como si fuera un aspecto permanente e inalterable de quién eres. Tanto los hombres como las mujeres suelen poner excusas sutiles, pero las excusas que ponen las mujeres parecen casi diseñadas para dejarlas en mal lugar.

«Siempre he sido una persona desorganizada».

«Parece que no soy capaz de mantener la boca cerrada».

«Soy fácil de herir».

«Me gusta demasiado complacer a la gente, es un defecto terrible».

Cuando haces este tipo de afirmaciones, puede que sientas que estás asumiendo la responsabilidad de tus actos, pero los demás te oyen como si estuvieras sugiriendo que eres incapaz de cambiar. Nunca obtienes una ventaja al estereotiparte de forma negativa. Además, si te aferras a la creencia autodestructiva de que los comportamientos que te frenan forman parte de tu composición genética, estás socavando tu capacidad para abandonarlos.

Una necesidad excesiva de ser yo

En los últimos años se ha hecho mucho hincapié en la autenticidad en el trabajo. A menudo parece que la idea es que la honestidad requiere consentir tus defectos o proclamar tus carencias. Este hábito suele proceder de la suposición de que intentar cambiar tu comportamiento sería de alguna manera una traición a tu verdadero yo.

Aunque la excesiva «necesidad de ser yo» es neutral desde el punto de vista del género, los hombres y las mujeres la manifiestan a menudo de forma diferente. Marshall escucha a altos ejecutivos masculinos defender con vehemencia su falta de voluntad para elogiar a las personas que trabajan para ellos, alegando que hacerlo sería falso. «Yo no hablo así», pueden decir. «No sería auténtico que yo elogiara el rendimiento de un subordinado». Las mujeres que caen en la trampa de la autenticidad son más propensas a decir cosas como: «No soy de las que se autopromueven».

Pero, si sabes que un comportamiento no te funciona y persistes en hacerlo de todos modos, eso no es ser auténtico: es simplemente ser terca.

Por eso, siempre que te oigas proclamar que algo no es para ti, es posible que quieras cuestionar tu motivación. Una excesiva devoción a una determinada imagen de ti misma puede ser una razón para permanecer estancada. Es una forma de obstinación que se interpondrá en tu camino cuando busques ascender.

CÓMO LAS ORGANIZACIONES DIFICULTAN EL CAMBIO DE COMPORTAMIENTOS

Nuestra economía global no se detiene para nadie, por lo que uno de los grandes retos a los que se enfrentan los líderes hoy en día es posicionar a sus organizaciones para operar en la vanguardia. Esto significa sentirse cómodo con un entorno en constante cambio, razón por la cual la mayoría de las organizaciones están tan dispuestas a decir que aceptan y prosperan con el cambio.

Sin embargo, la cruel ironía es que, a pesar de posicionarse como agentes de cambio, las organizaciones dificultan de forma rutinaria, aunque involuntaria, el cambio de las personas que las componen. Esto es así por dos razones.

En primer lugar, sin proponérselo realmente, las personas de las organizaciones suelen asignarse una identidad o un papel en función de su comportamiento anterior. Por ejemplo:

- «Marcy sería una buena opción para el grupo de trabajo; siempre está dispuesta a ser voluntaria».
- «Alguien que no sea Sandra debería encargarse de este trabajo. Requiere diplomacia y tacto, y ella siempre es tan brusca».
- «Chantal es una gran oyente, sería buena en este papel».

Por supuesto, no hay nada malo en tener en cuenta las habilidades y disposiciones de las personas a la hora de repartir las tareas. Pero puede tener el efecto de mantener a las personas atrapadas en la rutina. Les protege de los retos que podrían beneficiar su desarrollo y les niega la oportunidad de practicar nuevos comportamientos. Y si intentan liberarse de los patrones conocidos, pueden provocar un retroceso.

Digamos que eres Marcy y has empezado a reconocer que tu afán por ofrecerte como voluntaria para tareas adicionales tiene su origen en el deseo de complacer o aplacar a los demás, incluso cuando hacerlo no sirve a tus mejores intereses. Has decidido intentar ser más estratégica a la hora de evaluar qué oportunidades debes aprovechar y cuáles debes dejar pasar. Así que, cuando alguien de tu equipo pide voluntarios para un proyecto que no se ajusta a tus objetivos estratégicos, te obligas a quedarte de brazos cruzados.

Puede que te sientas satisfecha por mostrar disciplina. Pero entonces un colega se sorprende de que no te apuntes. «Siempre eres tan servicial», puede decir. O, «¿Qué ha pasado? Normalmente eres la primera de la fila». La implicación es que te has salido del personaje y has defraudado las expectativas al apartarte de tu guion habitual.

Cuando esto sucede, puedes sentirte presionada para actuar más «en el personaje». Los cambios positivos de comportamiento que estás intentando hacer se han topado con las expectativas que te mantienen atrapada. Una buena solución en esta situación es decirle a la persona que te presiona que estás trabajando en un nuevo comportamiento. Encontrarás muchas sugerencias sobre cómo hacerlo en la parte III. El punto aquí es que las personas en las organizaciones a menudo se asignan unos a otros roles basados en el comportamiento anterior, lo que tiene el efecto de dificultar la práctica de los nuevos.

La segunda forma en que las organizaciones dificultan el cambio de las personas es a través de su fuerte tendencia a la acción.

Casi todas las organizaciones están diseñadas para demostrar un compromiso con la acción positiva, con hacer cosas. «Estamos buscando nuevos mercados en X». «Estamos ampliando nuestra oferta para incluir Y». «Estamos instituyendo un nuevo sistema de responsabilidad». Rara vez se mencionan los caminos no tomados, las acciones no llevadas a cabo. Incluso cuando la inacción deliberada ahorra a la organización un dineral, rara vez se habla de ello por la sencilla razón de que la inacción no se considera una virtud. Así, en un retiro del equipo, se te puede decir que centrar tu atención en las necesidades de los nuevos clientes debe ser tu máxima prioridad. Pero rara vez se te animará a dejar de mirar el teléfono cada pocos minutos para poder estar más presente en lo que te dice tu cliente. Siempre se hace hincapié en lo que debes hacer, nunca en lo que debes dejar de hacer.

Del mismo modo, el director general de tu empresa puede dar regularmente «charlas motivacionales a las tropas» en las que canta las alabanzas de ser un buen jugador de equipo. Pero ¿con qué frecuencia escuchas a los líderes exhortar a los mejores empleados a centrarse menos en sus números para apoyar mejor al equipo?

Debido a esta tendencia a la acción, las organizaciones reconocen y recompensan a las personas principalmente por lo que hacen: traer un nuevo cliente, firmar un acuerdo, alcanzar una cifra. Rara vez se congracia a alguien, y mucho menos se le recompensa, por evitar un acuerdo que podría haber salido mal, incluso cuando el resultado habría sido claramente catastrófico. Por el contrario, los que advierten de las consecuencias de diversas acciones suelen ser considerados como detractores, fuera de lugar en una cultura de poder hacer.

Puede sonar paradójico que esta predisposición a la acción pueda dificultar el cambio de las personas, ya que el cambio suele estar asociado a la adopción de medidas. Si quieres ponerte en forma, vas al gimnasio. Si quieres ascender en la organización, echas más horas. Pero una idea clave a medida que se avanza en la carrera profesional es que el cambio de comportamiento suele consistir en no actuar en lugar de actuar. Como señaló el sabio de los negocios Peter Drucker: «Pasamos mucho tiempo enseñando a los líderes lo que tienen que hacer. No pasamos suficiente tiempo enseñándoles lo que deben dejar de hacer».

Las décadas de *coaching* de Marshall confirman la sabiduría de la observación de Drucker. Ha comprobado que los clientes que elaboran largas listas de comportamientos «pendientes» (decir por favor y gracias, ser más paciente, tratar a los demás con respeto) tienen más dificultades para cambiar que los que se centran en unos pocos comportamientos «imprescindibles» (dejar de opinar sobre todo, dejar de dar por sentado el trabajo de los demás, no reclamar un crédito que no se merece). Incluso la simple orden de «dejar de ser un imbécil» suele ser más eficaz que la enumeración de los comportamientos deseables que hay que probar.

Sally también ha visto cómo la predisposición a la acción puede socavar la capacidad de las personas para dejar de lado comportamientos que ya no les sirven. Un ejemplo vívido se produjo durante la llamada de un cliente reciente sobre un taller de liderazgo que tenía previsto impartir. Después de haber esbozado el programa, el jefe del comité de planificación tomó la palabra. «Lo más importante es que su programa sea accionable inmediatamente», dijo. «Tenemos una cultura muy proactiva, así que queremos asegurarnos de que la gente tiene muchas cosas que hacer. Lo ideal sería que los participantes se fueran con cinco cosas nuevas que pudieran hacer el lunes por la mañana».

Sally ya había escuchado este tipo de peticiones en el pasado y había intentado satisfacerlas. Pero ahora se opuso. Según su experiencia, lo último que necesita la mayoría de la gente en las organizaciones son cinco cosas nuevas que hacer el lunes por la mañana. Con los empleados ya sobrecargados, añadir nuevos elementos a las listas de tareas ya abarrotadas puede ser contraproducente. Además, las evaluaciones de los programas de Sally demostraron que los participantes declararon haber obtenido el mayor valor al disponer de tiempo y espacio para reflexionar sobre sus prioridades en lugar de añadir otras nuevas. Sally expuso este argumento, compartiendo datos sobre resultados anteriores, y convenció al cliente para que le permitiera centrar el taller en ayudar a los participantes a ser más eficaces y reflexivos, en lugar de más ocupados.

LOS HÁBITOS

Por lo tanto, este libro no se centra en los nuevos hábitos y comportamientos que podrías empezar a practicar, ya que pensamos que probablemente tienes suficientes cosas que hacer en tu lista. En cambio, nuestro objetivo es enseñarte los hábitos que debes dejar y que, según nuestra experiencia, son los que más te estorban como mujer. Hábitos que en su día te sirvieron, pero que pueden socavar tu ascenso.

Los doce capítulos siguientes ofrecen ejemplos y estudios de casos de estos comportamientos. A medida que los leas, puedes marcar los que creas que se aplican a ti.

Tal vez te preguntes cómo, si la experiencia moldea el comportamiento, se supone que debes dejar de lado los hábitos y las respuestas que se han arraigado durante años o incluso décadas en el lugar de trabajo.

¿No es cierto el conocido proverbio de que «no se pueden enseñar trucos nuevos a un perro viejo»?

La buena noticia es que ahora sabemos que el viejo refrán de los perros no se aplica a los humanos. Ni siquiera se aplica a los perros. Hasta hace poco, los investigadores cerebrales creían que solo los sistemas neuronales de los niños tenían la capacidad de cambiar mediante el crecimiento de los nuevos circuitos que requieren las nuevas habilidades y los nuevos comportamientos. Pero las imágenes de resonancia magnética funcional (IRMf), que permiten a los neurocientíficos ver el cerebro en funcionamiento, demuestran que el cerebro tiene la capacidad de crear nuevas vías neuronales en todas las etapas de la vida adulta.

Como resultado, puedes recablear tu cerebro para que apoye nuevos hábitos y patrones de pensamiento en cualquier momento de tu vida. La única pega es que debes estar dispuesta a repetir estos nuevos comportamientos hasta que tu cerebro se sienta cómodo con ellos. Esto se debe a que los comportamientos y los pensamientos solo construyen nuevas vías cuando se repiten a lo largo del tiempo. Con la práctica, se establecen y empiezan a funcionar por defecto. Incluso las personas que han sufrido un trauma profundo pueden curarse repitiendo hábitos y pensamientos que contrarrestan las respuestas establecidas.

Este principio de neuroplasticidad significa que tú tienes la capacidad de cambiar tu forma de responder a las situaciones. Las experiencias pasadas pueden moldear tu comportamiento, pero no tienen por qué determinarlo. Tienes el poder de ser más precisa, más intencional, más presente, más asertiva, más autónoma, más a gusto ejerciendo la autoridad, más segura de ti misma estableciendo límites, y una autodefensora más eficaz.

Todas estas riquezas están dentro de tu capacidad y alcance. Pero el proceso no puede empezar hasta que identifiques los hábitos que te frenan y empieces a practicar nuevos hábitos que te sirvan mejor.

Con esta noticia positiva en mente, presentamos los doce comportamientos que más a menudo observamos que mantienen a las mujeres atascadas.

1. Reticencia a reclamar tus logros.
2. Esperar que los demás noten y recompensen espontáneamente tus contribuciones.

3. Sobrevalorar la experiencia.

4. Construir relaciones en lugar de, además de construirlas, aprovecharlas.

5. No conseguir aliados desde el primer día.

6. Anteponer el trabajo a la carrera.

7. La trampa de la perfección.

8. La enfermedad de agradar.

9. Minimizar.

10. Demasiado.

11. Rumiar.

12. Dejar que tu radar te distraiga.

LOS COMPORTAMIENTOS LIMITANTES TAMBIÉN SON PUNTOS FUERTES

Como señala Marshall en *Un nuevo impulso,* cuanto más alto estés en tu organización, más probable es que tus problemas sean de comportamiento. No te faltan habilidades. Es evidente que eres inteligente. Eres buena para hacer frente a los problemas y para pensar estratégicamente. Tienes experiencia y la seriedad que conlleva. Seguramente has construido un montón de conexiones útiles a lo largo de los años. Tienes claros tus valores y tu ética. Estás acostumbrada a cumplir lo que te propones. Probablemente eres una excelente comunicadora. Eres muy disciplinada y estás motivada.

El éxito suele indicar que se han dominado los aspectos básicos del trabajo. Por eso, los problemas de comportamiento son tan importantes. Si todavía percibes barreras que te impiden llegar a donde quieres, es probable que los impedimentos de comportamiento desempeñen un papel clave. Por supuesto, como mujer puedes seguir encontrando barreras culturales y estructurales en tu organización. No tiene sentido negar que siguen existiendo. Pero, como ya se ha dicho, la cultura y la estructura no están bajo tu control, mientras que tus comportamientos y hábitos sí. Así que ese es siempre el mejor lugar para empezar a mejorar la calidad de tu vida en el trabajo y tus perspectivas de alcanzar todo tu potencial.

Una advertencia.

A medida que vayas profundizando en los hábitos que se describen en los próximos capítulos, es posible que recibas un impulso de reconocimiento y te encuentres pensando: «¡Vaya, esto me suena a mí!». Esto es algo bueno, ya que estar abierta a la información sobre los comportamientos limitantes es el primer paso esencial en el camino hacia un cambio saludable y duradero. Pero intenta evitar ser demasiado dura contigo misma o identificar demasiados elementos en los que tienes que ponerte a trabajar, como lo hizo Frances Hesselbein en el capítulo uno. Si lo haces, puedes empezar a sentirte abrumada. La experiencia de Marshall en la entrega de *feedback* de 360°, consistentemente muestra que las mujeres en las organizaciones son percibidas como líderes más eficaces que los hombres. A mucha gente le sorprende esto, no que las mujeres sean líderes más eficaces, sino que es la percepción generalizada sobre mujeres concretas dentro de una organización. Esto no significa que todas las mujeres sean consideradas más eficaces. Significa que la mujer media es estadísticamente considerada mejor líder que el hombre medio. Es un mensaje tranquilizador y fortalecedor para que las mujeres lo entiendan.

Pero el análisis de los comentarios de Marshall también deja claro que las mujeres son mucho más duras consigo mismas que los hombres. Tienden a preocuparse más por sus defectos percibidos y se sienten más presionadas para mejorar. Esto puede ser útil porque hace que estén dispuestas a cambiar. Pero dejarse atrapar por los autorreproches, o reñir con una misma por ser un ser humano defectuoso, es siempre contraproducente. No puedes liderar, ni hacer mejoras útiles en tu comportamiento, si te estás reprendiendo constantemente.

Por eso la regla básica que pide Marshall cuando entrena a las mujeres es: «Por favor, no seas demasiado dura contigo misma».

Te instamos a que lo tengas en cuenta. También te instamos a que reconozcas lo que te ha llevado a donde estás hoy. La otra cara de cada comportamiento limitante es siempre una fortaleza. Fortalezas como la empatía, la humildad, la diligencia y la fiabilidad subyacen a muchos de los comportamientos descritos en este libro. Así que mientras lees estos comportamientos y piensas en lo que te gustaría trabajar, tómate tiempo para reconocer y celebrar lo que te ha traído hasta aquí.

Ahora vamos a ver qué hace falta para que subas al siguiente nivel.

5

Hábito 1: Reticencia a reclamar el reconocimiento de tus logros

A lo largo de los años, Sally ha realizado entrevistas en profundidad con innumerables mujeres líderes. Hace varios años, ella pasó varios días entrevistando a socias sénior de empresas de contabilidad, derecho, consultoría e inversión. Estaba interesada en saber qué creían que había sido lo más responsable de su éxito, y especialmente deseosa de conocer sus opiniones sobre cómo las mujeres más jóvenes de sus empresas podrían posicionarse mejor para convertirse en socias.

Las respuestas a sus preguntas fueron muy variadas, pero en dos áreas fueron notablemente consistentes. Cuando se les preguntó cuál era el mayor punto fuerte de las mujeres más jóvenes de sus empresas, las socias citaron casi unánimemente su capacidad para realizar un trabajo de alta calidad. «Las mujeres hacen un esfuerzo adicional cuando se les asigna un trabajo», dijo una socia. Otra dijo: «Son muy concienzudas, ponen los puntos sobre las íes y se toman en serio los plazos. Se presentan. Son meticulosas. Puedes contar con ellas para hacer el trabajo».

Cuando se les preguntó en qué eran peores las mujeres más jóvenes de sus empresas, las respuestas también fueron coherentes. «Sin lugar a dudas, son las peores a la hora de llamar la atención y dar visibilidad a sus éxitos». «Suelen trabajar más duro que sus compañeros masculinos, pero luego se desviven por no atribuirse el mérito de lo que han hecho, sobre todo con los altos cargos». «Muchas de nuestras mujeres parecen sentirse incómodas al utilizar la palabra «yo», por lo que siempre intentan repartir el mérito. Esto puede hacerlas buenas personas, pero no ayuda a sus carreras».

Todas estas observaciones se refieren a las asociadas de empresas de participación, como las de derecho, contabilidad, consultoría y banca de inversión. Pero la reticencia a reclamar logros es común entre las mujeres de todos los sectores y niveles. Cuando imparte talleres a trabajadoras jóvenes y a mujeres líderes, Sally suele hacer referencia a su encuesta sobre asociaciones y pregunta: «¿Cuántas de vosotras sois buenas para llamar la atención sobre lo que conseguís?». Normalmente, solo se levantan manos dispersas. A veces, ni una sola mujer se describe así.

Cuando se les pide que reflexionen sobre por qué les cuesta reivindicar sus logros, las respuestas varían. Pero casi siempre aparecen dos respuestas:

«Si tengo que actuar como ese odioso fanfarrón del pasillo para hacerme notar aquí, prefiero que me ignoren. No tengo ningún deseo de comportarme como ese imbécil».

Y: «Creo que un gran trabajo habla por sí mismo. Si hago un trabajo excepcional, la gente debería notarlo».

Examinaremos esta segunda respuesta en el próximo capítulo, cuando veamos el hábito dos. Pero por ahora, vamos a desgranar la respuesta del «fanfarrón odioso». Es bastante común. Una mujer elegirá al autopromotor más descarado de la organización y decidirá eso, si intenta llamar la atención sobre lo que está haciendo, estará actuando como él. (Suele ser un él). Como la idea de emular el comportamiento de este insufrible colega le repugna, prefiere agachar la cabeza en lugar de buscar la manera de que le reconozcan sus aportaciones.

Este enfoque presenta dos problemas.

En primer lugar, citar al imbécil del final del pasillo como ejemplo de todo lo que no eres y no quieres llegar a ser indica una forma de pensar binaria. O bien ejemplificas los peores aspectos de un determinado comportamiento, o bien te comportas de forma totalmente opuesta. Esta forma de pensar no ve la posibilidad de un término medio, ninguna forma elegante, por ejemplo, de llamar la atención sobre la calidad de tu trabajo sin ser odiosa y egoísta, y justifica tu negativa a hacerlo. Esta es una trampa común, de la que oirás hablar mucho en este libro, y un escollo que te conviene evitar.

En segundo lugar, contrastar tu negativa a reclamar el crédito por tu propio buen trabajo con un ejemplo opuesto extremo puede inspirarte a sentirte moralmente superior a cualquiera que se sienta cómodo haciéndolo. Esto no es útil, porque te da una excusa para creerte lo que, en última instancia, es una justificación para permanecer en tu zona de confort. En lugar de preguntarte por qué te cuesta llamar la atención sobre tus éxitos y luego buscar una forma adecuada de hacerlo, te felicitas por ser un ser humano maravilloso que no necesita presumir. Y luego tratas de encontrar consuelo en eso cuando te pasan por alto para el próximo ascenso.

Marshall señala que las personas suelen adaptar su comportamiento a las expectativas de su «grupo de referencia». Es una frase que recogió del difunto gran pionero de la diversidad Roosevelt Thomas. Básicamente significa que las personas actúan como el grupo con el que se identifican espera que actúen. Si te sientes incómoda llamando la atención sobre tus logros, a menudo se debe a que tu grupo de referencia —otras mujeres, un antiguo jefe, una cultura represiva, tu familia de origen— espera que seas modesta y discreta.

En consecuencia, tiendes a considerar que los comportamientos que no se ajustan a estas expectativas son perturbadores. Y los evitas incluso en situaciones profesionales en las que se esperan. Pero piénsalo. Si las mujeres de los años setenta, ochenta y noventa se hubieran preocupado de forma unívoca por cumplir las expectativas de su grupo de referencia, hoy no habría ninguna mujer en los puestos de dirección. Avanzar, arriesgarse, requiere una acción audaz. Así que, aunque no se gane nada con ser odiosa, encogerte en un esfuerzo por agradar no te va a beneficiar, ni a ti ni a otras mujeres.

INVISIBLE EN PITTSBURGH

Pensemos en Amy, la directora ejecutiva de una pequeña pero reputada fundación artística de Pittsburgh. Al rellenar un cuestionario en uno de los talleres de Sally, se calificó a sí misma con un cinco, la calificación más baja posible en una escala de uno a cinco, en su capacidad para obtener reconocimiento por su trabajo, y con un uno (la máxima calificación) en su capacidad para obtener resultados extraordinarios.

Hasta hace poco, Amy no había considerado este vacío como un problema. Era la mayor de una gran familia católica y había sido educada para dar prioridad a las necesidades de los demás. Consideraba que su disposición a hacerlo era una virtud. Pero había recibido una llamada de atención que le hizo cuestionar su reticencia a reivindicar sus propios logros.

Había copresidido un evento benéfico de alto nivel que atrajo a los principales líderes empresariales de la ciudad y se recaudó más del doble del dinero que esperaban sus patrocinadores. Amy compartió el trabajo que suponía la gala con un copresidente masculino —llamémosle Mitch— que dirigía la mayor organización de servicios sociales del oeste de Pensilvania. Amy y Mitch trabajaron bien juntos y obtuvieron resultados extraordinarios. Ella creía que habían desarrollado una sólida relación de trabajo.

Al día siguiente del evento, un periodista local llamó para entrevistarse con Amy. Le preguntó qué creía ella que había contribuido al notable éxito del evento. Ella habló efusivamente de su colaboración con Mitch y alabó sus esfuerzos, citando acciones específicas y donantes que él había traído a bordo. También reconoció el mérito de todos los miembros de su equipo por su duro trabajo, su excelente planificación y su capacidad para reunir a los principales actores de la comunidad.

Cuando el artículo apareció al día siguiente, estuvo a punto de dejar a Amy en estado de *shock*. El reportero que la entrevistó también había hablado con Mitch, pero la forma en que Mitch decidió describir el suceso contrastaba con la descripción de Amy. «No podía creerlo», dijo ella. «Ni siquiera me mencionó. Básicamente se atribuyó el mérito de todo lo que había salido bien y utilizó la entrevista para promocionarse a sí mismo y a su organización. Como yo también me pasé la mayor parte del tiempo dándole crédito, él apareció como el eje y la única fuerza motriz del evento. La gente de toda la ciudad le llamaba para felicitarle. Pensé que habíamos sido un verdadero equipo, pero parece que él no lo veía así. No tenía ni idea de que fuera tan egocéntrico».

Un murmullo de simpatía recorrió el taller mientras Amy contaba su historia. Sin embargo, es útil dar un paso atrás y considerar lo que realmente puede estar pasando. Mitch es el director regional de una organización internacional sin ánimo de lucro, y gran parte de su trabajo consiste en hacer que su organización regional quede bien. No es de extrañar que también esté interesado en enviar a su prestigiosa junta el mensaje de que está haciendo un trabajo estelar. Tal vez esté ansioso por seguir en el puesto y sepa que un candidato más joven le está pisando los talones. O tal vez esté pensando en la próxima negociación de su contrato y quiera asegurarse de que su consejo reconoce su valor.

¿Tener en cuenta estas consideraciones hace que Mitch sea realmente egocéntrico? Puede que lo sea o no, pero utilizar la entrevista del periódico para promocionar su papel y su organización no aporta ninguna prueba.

La pregunta más relevante es por qué Amy, teniendo la oportunidad de dar a conocer su trabajo, se sintió obligada a pasar todo el intermedio hablando de Mitch. Está claro que es un líder de éxito que no tiene problemas para hablar por sí mismo. ¿Por qué sintió la necesidad de hablar por él?

Hablar largo y tendido no solo con Amy, sino también, más tarde, con Mitch, permitió a Sally entender cómo habían ido las cosas de mal en peor. Para empezar, Amy señaló que estaba tratando de demostrar el tipo de compañerismo que asocia con los magníficos líderes sin ánimo de lucro. Pero también dijo que se sintió cómoda poniendo el foco en Mitch porque supuso que él haría lo mismo con ella al ser entrevistado por el periodista. «Me imaginé que él hablaría de mí y de mis contribuciones al evento, al igual que yo había destacado lo que él aportaba».

Mitch, por el contrario, dijo que nunca se le ocurrió que Amy dejara de hablar en su propio nombre. «Al fin y al cabo», dijo, «el reportero le estaba dando la oportunidad de posicionarse a sí misma y a su organización muy bien y elevar el perfil de ambos en la comunidad y más allá. No sé por qué ella no lo vio así, pero no es mi trabajo cargar con ella. Está en una posición de liderazgo, ¿no sabe cómo funciona esto?».

Está claro que Amy y Mitch partían de premisas totalmente diferentes. Ella utilizó la entrevista como una oportunidad para ser generosa y solidaria, mientras que él se centró en hacer lo que percibía como su trabajo.

Durante un tiempo, Amy se consoló con la idea de que había demostrado ser mejor persona que Mitch. Pero recibió una brusca sacudida cuando se enteró de que su junta directiva no estaba muy contenta con su falta de atención a la fundación en cuyo nombre trabajaba. A pesar de lo doloroso que resultaba, la noticia del descontento de la junta por parte de su presidente acabó por animar a Amy a actuar. En lugar de descartar a Mitch por considerarlo un fanfarrón, decidió averiguar cómo convertirse en una defensora más eficaz de sí misma y de su organización.

Fue entonces cuando Amy se dio cuenta de que tenía el hábito de hacer que el protagonismo recayera en otras personas. Si un colega le comentaba que su oficina estaba bien gestionada, automáticamente daba crédito a su asistente. Si un donante le decía que había recibido un buen informe sobre una iniciativa de asociación que ella había dirigido, alababa al socio. Este tipo de comportamiento le parecía normal, una forma amable de responder y muy acorde con la forma en que había sido educada.

Pero, dada la oposición que había recibido de su junta directiva, empezó a preguntarse si había algo más en juego. ¿Se sentía incómoda aceptando elogios o reivindicando el mérito? ¿Estaba demasiado interesada en su modesta imagen personal? Recordó que una amiga le dijo que cada vez que Amy recibía un cumplido, lo aprovechaba para señalar sus propios defectos. «¿Por qué contradecir a alguien que dice algo bueno?», había preguntado su amiga.

Amy consultó a una *coach,* que le sugirió que empezara a abordar su falta de disposición a aceptar el crédito simplemente dando las gracias cada vez que la elogiaban. La *coach* se había formado con Marshall, y uno de los principales comportamientos que este trabaja para inculcar a sus clientes es el hábito de dar las gracias, y nada más. Nada de «gracias… pero todo mi equipo trabajó tan duro que fue fácil». Nada de «gracias… tuvimos suerte con el tiempo, ¿no?». Sin aplazamientos, sin falsa modestia, sin protestas. Simplemente, gracias. Marshall ha llegado a imponer multas a los clientes que no cumplen esta norma.

Al principio, Amy se encontró respondiendo con alguna versión de «gracias, pero realmente no fue difícil». En otras palabras, aceptó el mérito y al mismo tiempo lo desvió. Pero siguió intentándolo y pronto pudo dejar de lado la elaboración. Dice: «Parece sencillo, pero me di cuenta de que obligarme a dejar de dar las gracias era una buena manera de empezar a practicar un nuevo comportamiento. Si conseguía adquirir el hábito de aceptar el crédito, quizá podría sentirme más cómoda reclamándolo. Eso me ayudaría a mí y a mi organización».

EL YO EN EL EQUIPO

Amy había disfrutado de una exitosa carrera en organizaciones sin ánimo de lucro, a pesar de su modestia. Pero su alergia a la autopromoción, consentida durante mucho tiempo, la metió en problemas cuando alcanzó el puesto más alto. Esto es común. A medida que se asciende en el escalafón, cualquier incomodidad que se sienta al reclamar reconocimiento empezará a tener mayores costes. Esto se debe a que, cuando representas a tu organización como lo hace Amy, desviar el crédito no solo disminuye tus propios logros, sino que socava la visibilidad de las personas con las que trabajas: colegas, empleados, socios, líderes sénior y, en el caso de Amy, su junta directiva.

Las organizaciones a menudo no abordan la reticencia de las mujeres a promocionarse efectivamente porque asumen un modelo de liderazgo masculino. Sally se dio cuenta de lo arraigada que puede estar esta suposición hace unos años, cuando participó en un foro de liderazgo femenino de una de las cuatro grandes empresas de contabilidad. El evento regional se celebró en un centro turístico a las afueras de Atlanta.

Dado que iba a moderar dos paneles, Sally había entrevistado a varias mujeres sénior de la empresa con antelación y había entregado a cada participante el rápido cuestionario que había utilizado en el taller con Amy. Los resultados dejaron claro que, aunque muchas de las mujeres estaban seguras de su capacidad para obtener resultados sobresalientes, tenían dificultades para que se les reconociera su trabajo. Muchas compartían el tipo de hábitos de autodesprecio que habían sido un problema para Amy, calificándose a sí mismas en el extremo inferior de la escala cuando se trataba de reconocimiento.

Sin embargo, el equipo de RR. HH. que organizó el evento optó por enviar un mensaje muy diferente sobre los objetivos de la empresa y los hábitos y comportamientos que querían reforzar. Resulta que una evaluación reciente de toda la empresa mostró que el 40 % de los altos cargos de la organización se consideraban «reacios a compartir información o créditos». (El hecho de que esos altos cargos fueran mayoritariamente hombres puede haber influido en esos resultados). Como consecuencia, los responsables decidieron centrar todos los eventos de liderazgo del año siguiente en inculcar un espíritu de trabajo en equipo entre los empleados. Por ello, el equipo de RR. HH. que planificó el foro de mujeres eligió como tema «No hay yo en el equipo». Pancartas de colores proclamaban el lema a la entrada del recinto y encima del escenario donde se sentaban las panelistas. Sam, un alto ejecutivo, instó a las participantes en su discurso de apertura a hacer un esfuerzo por compartir el mérito de los logros.

Para Sally, la escena era un ejemplo perfecto de por qué las empresas a menudo se equivocan en el liderazgo de las mujeres y malinterpretan la naturaleza de los retos de las mujeres. Para muchas de las asistentes, poner su yo en pro del equipo no era el problema. En cambio, les costaba utilizar la palabra «yo» al hablar de sus éxitos. Como dijo una participante en el cóctel que siguió al panel: «Aprecié lo que dijo Sam, pero no me identifiqué con él. Según mi experiencia, nuestras mujeres tienen más problemas con la autopromoción que con la fanfarronería. Sé que yo los tengo».

EL ARTE DE LA AUTOPROMOCIÓN

Si te cuesta reclamar el crédito por tus logros, puede costarte a lo largo de tu carrera. Pero los costes serán mayores cuando intentes pasar al siguiente nivel o busques un nuevo trabajo. Hablar de lo que aportas y detallar por qué estás cualificada no te convierte en alguien egocéntrica o interesada. Envía una señal de que estás preparada para ascender.

Las empresas de búsqueda confirman que las mujeres que solicitan un empleo suelen ser menos firmes que los hombres a la hora de declarar sus cualificaciones. Fern, socia de una empresa que coloca a profesionales de la salud, afirma: «Nos encontramos con que las mujeres suelen ser tímidas a la hora de describir sus habilidades y experiencia. No es raro encontrarse con comentarios en las cartas de solicitud como: "Nunca he ocupado un puesto como este, así que no estoy segura de que mis cualificaciones coincidan exactamente"».

Un hombre menos cualificado será a menudo más audaz, informa Fern. «Un hombre puede decir: "Tengo exactamente las aptitudes que buscas y puedo cumplir fácilmente estos requisitos porque soy excelente en X, Y y Z". Puede que X, Y y Z no tengan nada que ver con el trabajo, pero su confianza consigue convencerte de alguna manera. Mientras que las mujeres son más propensas a expresar sus dudas. Con demasiada frecuencia, esto resulta en que el trabajo va a parar al hombre menos cualificado. Como cree firmemente que puede hacer el trabajo, el empleador está dispuesto a darle una oportunidad. Por supuesto, a veces hay sexismo, pero a menudo la mujer tiene demasiadas dudas a la hora de demostrar que está preparada. Cuando eso ocurre, es muy desalentador».

La comercialización efectiva de uno mismo, lejos de ser vergonzosa, es una parte importante de todo trabajo, y la clave para ayudarte a alcanzar el siguiente nivel de éxito. Si quieres alcanzar tu máximo potencial, hacer que tus logros sean visibles, especialmente para los niveles superiores, es tan importante como las tareas reales que se detallan en la descripción de tu trabajo.

Si no encuentras la manera de hablar del valor de lo que haces, envías el mensaje de que no le das mucho valor. Y si tú no lo valoras, ¿por qué deberían hacerlo los demás? También comunicas que puedes ser ambivalente en cuanto a salir adelante. Y si eres ambivalente, ¿por qué habría de arriesgarse alguien a apoyarte?

Si estás pensando en cómo promocionarte, te ayudará tener en cuenta que tú eres tu principal producto. Cuando hablas de lo que has conseguido, siempre te estás vendiendo a ti misma, no solo los detalles, sino el paquete completo. Todos los vendedores de éxito lo saben. La gente compra porque les gustas y confían en ti. Y porque creen que lo que tú ofreces puede tener valor para ellos. ¿Por qué lo creen? Porque es evidente que tú lo crees. El secreto de todo gran vendedor es cautivar a la gente.

Por lo tanto, para venderse eficazmente, es esencial creer en lo que se ofrece. Si Coca-Cola hace una campaña de marketing, no dice: «Bueno, algunas personas prefieren Pepsi». O, «es posible que, si pruebas la Coca-Cola, te guste». No. Su trabajo es hablar de lo buena que es la Coca-Cola. No para cubrirse, sino para salir y decirle al mundo: «Tenemos un producto fantástico».

Si este tipo de declaraciones te incomodan, puede ayudarte pensar en por qué es importante que des un paso adelante. ¿Qué es lo que, en última instancia, te motiva en tu búsqueda? Si el simple hecho de llegar a la cima de la jerarquía no es suficiente, tal vez haya algo más que te inspire.

Tal vez creas que el hecho de que tú tengas más poder en la organización sería estupendo para tus maravillosos clientes. Tal vez pienses que tu organización podría beneficiarse de tener a alguien con tu coeficiente emocional en la cima. Tal vez estés convencida de que serías una buena líder, o al menos mejor que el colega acosador que está intentando conseguir el puesto que tú deseas. Tal vez pienses que tu empresa se beneficiaría si más mujeres ocuparan altos cargos. Tal vez quieras inspirar a tus hijos o dar a tus padres algo por lo que sentirse bien.

Ten en cuenta que no se trata de razones egoístas. Pero pueden ser razones que te motiven. Si es así, tenlas en cuenta la próxima vez que sientas la tentación de desviar el mérito de tus logros, o decir «no fue nada» o «cualquiera podría haber hecho lo que yo hice». El mundo puede beneficiarse de tu éxito.

¿Qué más puede ayudar? Exponer la falacia del pensamiento binario podría ser un comienzo. ¿Así que crees que eres una promotora desvergonzada o una mártir autocomplaciente que se desvive por su trabajo? No, hay mucho terreno entre estos polos opuestos. Puedes ser simplemente una persona con talento que se empeña en hablar por sí misma. Busca los matices en las situaciones y encuentra un punto intermedio entre la «tímida florecilla» y la «autopublicista estridente» que te parezca adecuado.

Y si sigues pensando que promocionarte eficazmente es cursi o está por debajo de ti, puedes intentar verlo con una lente invertida. Por ejemplo, Marshall ha observado que los hombres a veces desconfían de las mujeres que son reacias a reclamar sus logros. Ven a esas mujeres como inauténticas, falsamente humildes o carentes de compromiso. Entonces, ¿por qué dejar que tu comportamiento apoye esas percepciones negativas?

Si reclamar tus logros es un comportamiento nuevo para ti, quizá quieras intentar que un colega te ayude. Encontrarás muchas ideas sobre cómo hacerlo en el capítulo dieciocho de este libro. Por ejemplo, puedes empezar simplemente pidiendo a un compañero que haya trabajado contigo en una empresa de éxito que hable un poco en tu nombre la próxima vez que estés en una reunión. Puede que no sea tomar la iniciativa con valentía, pero será un paso.

Solo abstente de contradecir lo que tienen que decir.

6

Hábito 2: Esperar que los demás noten y premien espontáneamente tus contribuciones

En el último capítulo, examinamos cómo el hecho de no reivindicar tus logros puede impedir tu ascenso en la empresa o en tu carrera. La otra cara de este hábito es esperar que los demás se den cuenta de tus contribuciones sin que tú tengas que llamar la atención sobre ellas. Estos dos comportamientos funcionan juntos. Tienen raíces similares pero diferentes efectos. Juntos, pueden mantenerte atascada.

Como ya se ha dicho, las mujeres de los talleres de Sally que dicen que no son buenas para llamar la atención sobre sus logros suelen dar una de estas dos razones. Está la respuesta del fanfarrón odioso, que examinamos en el capítulo anterior. Y luego está la respuesta de que ese no es mi trabajo, que se expresa más a menudo como la creencia de que «el gran trabajo debería hablar por sí mismo». O: «si hago un trabajo excepcional, la gente debería notarlo». Estas creencias pueden servir de excusa para negarte a reivindicar tus logros, lo que te permite librarte (al menos en tu propia mente) si defenderte a ti misma te hace sentir incómoda. Puede que creas que tu reticencia es apropiada, o una prueba de que eres un tipo de persona superior, pero puede sabotear tus mejores esfuerzos y hacer que se pase por alto tu duro trabajo.

Es lo que le ocurrió a Amy, la directora de una organización sin ánimo de lucro descrita en el capítulo anterior, que asumió que su copresidente Mitch hablaría de sus contribuciones cuando el periodista le entrevistó. Es lo que le ocurrió a Ellen, la ingeniera de Silicon Valley presentada en el capítulo uno, que se sintió desolada cuando su jefe no se dio cuenta de las conexiones que había creado en la empresa, aunque no tenía forma de saber a cuántas personas había contactado habitualmente.

Esperar que los demás se fijen en tus contribuciones, o creer que deberían hacerlo, no solo es una buena forma de quedarte estancada, sino que también puede disminuir la satisfacción que sientes en un trabajo que de otro modo disfrutarías. Recuerda esto: las empresas no se limitan a fabricar grandes productos y asumir que los clientes «deberían» querer comprarlos. Tienen una función de marketing diseñada para promover eficazmente lo que hacen. Tú, como profesional, también necesitas una. Por otra parte, si no recibes los elogios que esperas, puedes sentirse poco apreciada y reconocida. Es posible que empieces a resentirte, no solo con los altos cargos que parecen no darse cuenta de todo el trabajo que haces, sino también con los colegas que tienen la habilidad de hacerse notar. Entonces, puedes decidir que solo son fanfarrones y felicitarte por ser menos egocéntrica, reconfortándote en tu propia maravilla aunque permanezcas en las sombras.

Si te atrincheras en este tipo de pensamiento negativo, puedes empezar a creer que realmente no encajas en tu trabajo. Al fin y al cabo, si la gente que te rodea es incapaz de notar tus esfuerzos, quizás estarías mejor en otro sitio. Así es como un trabajo que parece perfecto cuando te contratan empieza a perder su atractivo. Otra razón por la que es tan importante adoptar un enfoque más proactivo que esperar que se note.

LA GRAN LECCIÓN DE MAUREEN

Maureen es socia principal de un importante bufete de abogados de San Francisco. A pesar de sus excelentes resultados iniciales, llegó a ser socia más tarde que algunos de los hombres que entraron en el bufete el mismo año que ella. Esto la hizo sentirse tan infravalorada que, al comienzo de su quinto año como asociada, decidió que el bufete no era una buena opción para ella. Cuando un cliente le propuso un puesto en la oficina del abogado general de su empresa, se reunió con él varias veces.

Entonces, con gran inquietud, hizo saber a su jefe que estaba buscando otras opciones.

«¿Considerarías quedarte si te hacen socia?», le preguntó. Sin dudarlo, Maureen dijo que sí.

«Asume que va a ocurrir», le dijo. «No hagas ningún movimiento hasta que se produzca. No creo que los miembros de nuestro comité de socios se hayan dado cuenta de que eso es algo que quieres».

¿Cómo no iban a hacerlo? se preguntó Maureen, aunque no se lo planteó a su jefe. ¿No se había dado cuenta nadie en el bufete de que se había dejado la piel desde el día en que llegó? Teniendo en cuenta su historial de logros, ¿por qué no habrían asumido que su objetivo era ser socia? ¿Se imaginaban que quería ser asociada el resto de su vida?

Dos meses después de la conversación con su jefe, Maureen fue nombrada socia. Se quedó y lleva catorce años en el bufete. Hace tres años la invitaron a formar parte del prestigioso comité de socios de la empresa, que evalúa a los candidatos y elige a los socios. Al ver cómo funciona realmente este proceso y cómo piensan los demás miembros del comité, comprendió por fin por qué había tardado tanto en ser promovida.

Dice: «En mi primera reunión, nos reunimos alrededor de una mesa de conferencias para considerar a dos asociados de éxito, una mujer y un hombre. Ambos habían entrado en el bufete el mismo año y habían dejado su huella en los litigios empresariales. El director de nuestra práctica de litigios tenía cosas brillantes que decir sobre ambos. Pero en el transcurso de nuestra conversación, mencionó que el hombre parecía quererlo más. Advirtió que el bufete lo perdería si no lo ascendían ese año».

Maureen conocía a la asociada y tenía una buena opinión de ella. Era especialmente hábil en la gestión de clientes, lo que resultaba crucial en aquel momento porque uno de los clientes principales del bufete desde hacía mucho tiempo estaba reevaluando su forma de asignar el trabajo de litigio. «Lo comenté y les dije que creía que sus habilidades eran especialmente necesarias dado el reto al que nos enfrentábamos. Dije que no había visto al asociado masculino mostrar el mismo nivel de atención al trabajo del cliente».

El jefe de litigios estaba de acuerdo con la evaluación de Maureen, pero dijo que era reacio a perder al asociado masculino para que se fuera a una empresa de la competencia. Maureen le preguntó por qué creía que el asociado se iría si no lo ascendían en esta ronda.

«Eso es fácil», dijo. «El chico lleva hablando de hacerse socio desde su primer día aquí. Está totalmente motivado por el deseo y espera que ocurra en su primer año de elegibilidad. Si no se lo damos ahora, garantizo que lo perderemos por la primera empresa que le haga una oferta».

«¿Qué pasa con Jill?», preguntó Maureen. « ¿No esperará que la hagan socia también?».

«Tal vez», respondió. «Pero ella nunca ha dicho nada al respecto ni ha presionado para que la tengan en cuenta. Parece que le gusta el trabajo por sí mismo. Sé que le gusta nuestro grupo de trabajo y que tiene fuertes vínculos con sus clientes. Así que no esperaría que se fuera si no fuera elegida este año».

«Ahí está», pensó Maureen. «Esa es la razón por la que he tardado tanto en hacerme socia. No empecé a hablar de ello nada más llegar. Nunca se me ocurrió hacerlo. Supuse que si hacía un trabajo excepcional, me elegirían cuando llegara el momento. Supuse que las cosas funcionaban así».

Los tres años siguientes en el comité enseñaron a Maureen que esta situación no era única, ni para ella ni para Jill, la asociada cuyo nombre surgió en aquella primera reunión. «Una y otra vez, escuché la misma justificación para promocionar a un hombre antes que a una mujer: *él lo quiere más, ha estado presionando desde que llegó, nunca se quedará si no es elegido*. Lo que más aprendí fue que los asociados que hablan constantemente de ser socios son identificados como material para serlo porque es evidente que tienen hambre y ambición. Los que no lo hacen —por desgracia, suelen ser las mujeres— son ignorados».

La experiencia de Maureen la llevó a concluir que la estrategia femenina común de trabajar lo más posible y confiar en que eso te hará notar era una razón clave por la que las mujeres de su bufete llegaban a ser socias más tarde que los hombres en sus carreras. Y estos retrasos tuvieron consecuencias. Cuando las mujeres veían que los hombres ascendían antes año tras año, llegaban a la conclusión de que la empresa no las valoraba ni reconocía su potencial. Así que empezaron a buscar opciones, como había hecho Maureen. El desgaste resultante confirmó la creencia entre los socios principales de que las mujeres eran más propensas a irse que los hombres, por lo que tendían a considerar a las mujeres como menos comprometidas.

Maureen dice: «Me sorprendió darme cuenta de que la tendencia de las mujeres a centrarse en su trabajo en lugar de comunicar eficazmente lo que estaban haciendo se interpretó como una falta de compromiso. Esto parecía contrario a la intuición, porque uno pensaría que el trabajo duro demostraría lealtad. Eso es lo que yo siempre he asumido. Pero cuando los socios principales oían que alguien anunciaba constantemente su deseo de convertirse en socio, lo veían como una prueba de que quería hacer carrera en el bufete». Como las mujeres eran menos propensas a hablar de ello, los directivos del bufete tendían a cuestionar si se involucraban a largo plazo.

No es de extrañar que la cuestión de la maternidad entre en juego. Maureen dice: «Cuando se planteaba el nombre de una mujer, se oían cosas como: "Probablemente no esté interesada en ser socia ahora porque está en edad de tener hijos". Yo les decía que la mayoría de nuestras socias tenían hijos y que no debían dar por sentado que una mujer no estaba interesada en ser socia porque tenía cierta edad. Nos llevó un tiempo, pero el comité finalmente encontró una solución sencilla. La solución era preguntar a la mujer cómo veía su futuro en la empresa».

Este cambio puso en marcha una cadena de acontecimientos que amplió el grupo de mujeres que se consideraban para ser socias, lo que a su vez empezó a frenar el desgaste femenino. La conclusión, dice Maureen, es que «siempre habrá hombres en nuestra empresa que empiecen a decir "soy totalmente genial" el día que lleguen. Como lo dicen, los socios solían asumir que era cierto. Ahora se están acostumbrando a la idea de que no hay un corolario directo entre quién es "material de socio" y quién simplemente lo dice. Pero ha costado llegar hasta aquí».

A raíz de su experiencia, Maureen se apasionó por hacer saber a las mujeres que entran en la empresa lo importante que es asumir la responsabilidad de hacerse notar. «Les digo que hablen de lo que están haciendo, que hablen de lo que han conseguido y que hablen de lo que las motiva. Si quieres ser socia, tienes que decirlo, una y otra vez. Si no lo haces, los jefes no te verán comprometida. Trabajar duro no te llevará a donde quieres».

EN EL ASCENSOR

Entonces, ¿cómo empiezas a asumir la responsabilidad de asegurar que tu trabajo sea notado? ¿Cómo puedes llamar la atención sobre lo que aportas sin sentirte una idiota egocéntrica? Podrías empezar por articular una visión de adónde te gustaría que te llevara tu trabajo para poder dar a la gente un contexto de lo que quieres en tu futuro. A continuación, prepárate para aprovechar cualquier oportunidad de compartir lo que ves. Este es un enfoque defendido por Dong Lao, que ejerce de patrocinador ejecutivo de la iniciativa para mujeres en una institución financiera global con sede en Londres. Además de ser un banquero de talla mundial, Lao trabaja con las mujeres de su organización para identificar cómo conseguir los recursos que necesitan para salir adelante. Durante una reciente conferencia en una sede en Suiza, una participante le preguntó durante la gran sesión plenaria qué creía que podían hacer las mujeres para posicionarse mejor para el liderazgo en la organización.

Respondió con una anécdota de unos meses antes cuando se encontraba en la sede central del banco en Londres. Un joven analista que acababa de incorporarse a la organización estaba junto a él cuando entró un alto ejecutivo. Dice Lao: «El joven era de Oriente Medio. Muy pulido, evidentemente seguro de sí mismo, pero también educado. No era fanfarrón ni arrogante como algunos de los contratados en la sede».

«El ejecutivo no tenía ni idea de quién era el analista, ya que la gente de la sede central no se relaciona mucho entre niveles. Pero cuando el ascensor empezó a moverse, el ejecutivo preguntó al joven qué hacía en el banco. Sin dudarlo un instante, respondió con tres frases claras y concisas. Mencionó su trabajo actual, dijo que su objetivo era dirigir un equipo de inversión en telecomunicaciones en el sur de Asia, y señaló los vínculos entre su país de origen y la región en la que esperaba trabajar, así como dos relaciones clave que serían útiles. El pequeño discurso duró menos de un minuto, pero estaba repleto de información. Estaba claro que había pensado cada palabra y la había ensayado a fondo».

Una vez terminada la perorata, el analista dejó de hablar y entregó su tarjeta al ejecutivo, que mantuvo abierta la puerta del ascensor mientras bajaba. «Voy a pasarle esto al jefe de nuestro equipo de inversiones en el subcontinente», dijo. «Si no tienes noticias suyas, haz saber a su oficina que te he dicho personalmente que llames».

«¿Por qué os cuento esta historia?», preguntó Lao a su público. «Porque creo que muchas de ustedes pueden aprender de ella. Tener una declaración clara y concisa, lista para ser entregada en cualquier momento —que diga lo que haces ahora, pero que enfatice lo que quieres hacer en el futuro y por qué estás calificada para hacerlo— te da una gran ventaja en términos de visibilidad y posicionamiento. Te distingue del resto y te permite defenderte al más alto nivel cuando se presenta la oportunidad. Según mi experiencia, las grandes carreras se construyen a menudo a partir de encuentros fortuitos. Así que siempre vale la pena estar preparada». Lao señaló tres ventajas de tener un discurso de ascensor memorizado y listo para usar. «En primer lugar, demuestra que eres ambiciosa y que tu ambición se centra en algo específico que estás trabajando para conseguir. En segundo lugar, te da la oportunidad de hablar de tus habilidades o experiencia de una manera que se alinea con lo que podría ser útil para la organización, no solo ahora sino en los próximos años. No se trata de un discurso de propaganda, sino de explicar por qué tienes lo que hace falta para ascender y, por tanto, cómo puede beneficiarse la organización de ello. En tercer lugar, te da la oportunidad de demostrar que eres reflexiva y concisa, lo último siendo importante para los ejecutivos, que siempre están presionados por el tiempo y tienen la costumbre de pedir a la gente que sea breve».

Lo más impresionante, dijo Lao, fue cómo el joven dejó de hablar una vez que hubo dicho su parte. «No se ha extendido ni ha tratado de llenar el tiempo. Se detuvo por completo y entregó su tarjeta. Misión cumplida».

Lao sugirió que cada participante en la conferencia trabajara en la elaboración de un discurso de ascensor comúnmente conocido como *elevator pitch*, un resumen claro y conciso de lo que hace, lo que quiere hacer en el futuro y por qué cree que es la persona adecuada para hacerlo. «Lo más importante es que sea real, una declaración verdadera de lo que uno se ve haciendo en el futuro y tiene el deseo de hacer. Y que sea lo más breve posible. Sin antecedentes, sin detalles adicionales, sin explicaciones, justificaciones, suposiciones o coberturas. Quieres que sea lo más breve, claro y contundente posible».

Lao también aconseja no preocuparte de que lo que tienes que decir pueda cambiar con el tiempo. «Si eso ocurre, desarrollarás un nuevo discurso de ascensor. El objetivo es estar preparado para reivindicarte a ti mismo y a tu futuro, de modo que cuando se te presente la oportunidad de conectar con un alto dirigente, puedas aprovecharla. Quieres hacerte notar y crear oportunidades para ti. Si estas cambian con el tiempo, está bien».

TENER UNA VARA DE MEDIR

El discurso del ascensor que describe Lao es una versión táctica de una declaración de visión o de misión, una articulación personal de propósito que declara lo que se quiere conseguir en el mundo. Peter Drucker, una de las principales influencias de ambos y alguien a quien ambos conocíamos personalmente, y con quien Marshall trabajó, fue el primero en hablar de la importancia de contar con una declaración de este tipo, tanto para las organizaciones como para los individuos.

Peter Drucker le dijo una vez a Marshall: «Deberías poder poner tu declaración de misión en una camiseta». Marshall cree que este pequeño consejo cambió su vida. Desarrollada hace años, la misión de Marshall es clara y sencilla: convertirse en la autoridad mundial en «Ayudar a los líderes de éxito a conseguir un cambio de comportamiento positivo y duradero». Y ha funcionado. Hoy en día, si se hace una búsqueda en Google de «ayudar a los líderes de éxito» (entre comillas), de los primeros quinientos resultados, aproximadamente cuatrocientos cincuenta son sobre Marshall.

Un sentido clarísimo de lo que estás tratando de hacer y de por qué estás motivada para hacerlo no solo te permite decir tu verdad de forma completa y concisa, sino que también te ayuda a aclarar qué oportunidades quieres aprovechar y cuáles debes dejar pasar. Simplemente pregúntate: ¿hacer esto me ayudaría a alcanzar mi objetivo más grande? Si es así, puedes decir que sí. Si no, tienes una razón sólida para decir que no.

Miranda, en el capítulo dos, podría haber utilizado esa vara de medir cuando un colega trató de reclutarla para que hiciera un trabajo pesado en el comité de contratación de su bufete. Si hubiera tenido una idea más clara y articulada de lo que quería conseguir, podría haberla utilizado para evaluar si la oportunidad le servía o no. Esto le habría ayudado a saber qué preguntas hacer a su colega. Y le habría resultado más fácil rechazar la solicitud si no encajaba con sus planes de futuro.

Crear un discurso de ascensor puede otorgar muchos beneficios. Puede ayudarte a pensar con más claridad en tu futuro. Puede hacerte sentir más segura y preparada. Puede marcarte como alguien serio, una jugadora con potencial, alguien a quien observar. Y es perfecto para ir más allá de la trampa pasiva de esperar que se fijen en ti.

7

Hábito 3:

Sobrevalorar la experiencia

Intentar dominar todos los detalles de tu trabajo para convertirte en una experta es una gran estrategia para conservar el empleo que tienes. Pero si tu objetivo es ascender a un nivel superior, es probable que tu experiencia no te lleve hasta allí. De hecho, el dominio de tu función actual suele ser una estrategia útil para mantenerte en ella.

Si esta afirmación te resulta chocante, puede ser porque, como muchas mujeres, has asumido que la experiencia es el camino más seguro hacia el éxito. Por eso, te esfuerzas mucho en aprender todos los aspectos de tu trabajo y en asegurarte de que tu trabajo es perfecto. Esto te parece proactivo, pero puede llevarte a permanecer en una rueda de molino interminable, poniendo constantemente un listón más alto para ti misma al tratar de ir siempre más allá. Mientras tanto, tus colegas masculinos toman un camino diferente, tratando de hacer el trabajo lo suficientemente bien mientras centran su tiempo en la construcción de las relaciones y la visibilidad que les llevará al siguiente nivel.

Por supuesto, no abogamos por una actuación descuidada. Y sabemos que la habilidad y el conocimiento son necesarios para el éxito. Pero si quieres ascender en tu campo o en tu organización, la experiencia solo te lleva hasta cierto punto. Y es que los puestos de trabajo más importantes siempre requieren gestionar y dirigir a personas con experiencia, no aportar tú mismo tu experiencia.

Es natural que las mujeres quieran convertirse en expertas en lo que hacen, ya que es la forma en que se ganaron su lugar en la mesa en primer lugar. Especialmente si estás en una carrera, sector o empresa con relativamente pocas mujeres, puede que hayas tenido que demostrar tu competencia desde el día en que llegaste. Quizás tu primer jefe dudó de tu capacidad y tuviste que hacer un esfuerzo extra para convencerle de que podías hacer el trabajo. Tal vez un colega masculino estaba resentido por tu presencia en su equipo, así que intentaste ganarte su respeto convirtiéndote en una supercolaboradora, lo que facilitó su trabajo. O tal vez te faltaba confianza en ti misma o temías no pertenecer realmente a tu equipo, así que te esforzaste por demostrarte a ti misma que merecías un puesto en la mesa. Cualquiera que sea la razón, tus experiencias habrán moldeado tu comportamiento y, con el tiempo, este se habrá convertido en algo habitual. Tu compromiso con la experiencia puede haberte ayudado a sobrevivir y puede haberte llevado a donde estás hoy. Pero a medida que avanzas, puede empezar a obstaculizar tu camino.

En *Necessary Dreams*, Anna Fels señala que sentirse realizado en el trabajo requiere dos cosas: maestría y reconocimiento. La maestría es la parte de la experiencia, el puro disfrute que se siente cuando se hace algo que uno valora realmente. La maestría proporciona lo que los psicólogos llaman una recompensa intrínseca, es decir, que te satisface. El esfuerzo y la recompensa son internos.

El segundo requisito de Fels para la satisfacción en el trabajo es ser reconocido por lo que uno hace. El reconocimiento es una recompensa extrínseca porque viene de fuera: necesitas que otra persona te reconozca. No es de extrañar, pues, que las mujeres tiendan a sobrevalorar experiencia, ya que las mujeres suelen tener más dificultades para que se les reconozcan sus logros.

Como se ha señalado en el capítulo anterior, las mujeres suelen ser poco reconocidas porque se sienten incómodas al reivindicar sus logros. Si hablar de ti misma o llamar la atención sobre lo que has conseguido te hace sentir como una imbécil engreída, probablemente prefieras agachar la cabeza y esperar que los demás se den cuenta de lo que aportas. Pero las mujeres también son a veces poco reconocidas porque la gente que las rodea infravalora sus contribuciones. Esto no es raro, sobre todo en sectores como la ciencia y la medicina, donde la infravaloración de los logros femeninos está bien documentada y tiene una larga tradición.

Cuando no se te reconoce habitualmente, la maestría puede convertirse en una defensa, en una forma de afirmar tu valor independientemente de lo que perciban o piensen los demás. Al ser intrínseca, la maestría es la única fuente de satisfacción que puedes controlar. Esto es algo bueno y puede ser profundamente gratificante. Pero es insuficiente si quieres avanzar.

LA MENTALIDAD DE DOMINIO

Un gran ejemplo es Ashley, una de las ponentes destacadas en una reunión de Denver de las principales mujeres líderes de Colorado a la que asistió Sally. A sus treinta años, Ashley había sido ascendida recientemente para dirigir el enorme grupo de servicios de empresa a empresa de su compañía. Cuando le preguntaron cuál era la mayor causa de su meteórico ascenso, sorprendió a su audiencia diciendo: «Fue aprender a dejar de ser una experta».

Ashley explicó: «La mayor lección de mi carrera ha sido aprender que, aunque la experiencia se espera en casi cualquier trabajo, no ayuda mucho a salir adelante. Yo tardé en darme cuenta de esto. Cuando me incorporé a la empresa, había muy pocas mujeres, y me preocupaba estar a la altura del trabajo. Desde luego, me faltaba la confianza de los chicos que me rodeaban. Ellos recibían muchas confirmaciones y parecían estar cómodos con toda la política. Sentía que tenía que vigilar mis pasos y ganarme el camino, así que me centré en aprender cada detalle, hacerme experta en cada tarea, demostrar mi valor y evitar las críticas. Lo cual está bien, pero es una mala manera de posicionarse para algo más grande». Esto es cierto por varias razones. En primer lugar, aprender cada detalle a la perfección consume mucho ancho de banda, dejándote poco tiempo para desarrollar las relaciones que necesitas para avanzar. En segundo lugar, tus esfuerzos por hacer todo a la perfección suelen tener el efecto de demostrar que eres perfecto para el trabajo que ya tienes. En tercer lugar, la experiencia que desarrolles puede hacerte indispensable para tu jefe, que lógicamente querrá mantenerte donde estás.

Este último escenario fue el que hizo despertar a Ashley. Llevaba seis años en la empresa cuando su jefe le mencionó que su nombre había surgido para un puesto de trabajo en la división de empresa a empresa, que estaba creciendo rápidamente. «Me dijo que el reclutador interno estaba interesado, pero que él, mi jefe, no podía permitirse perderme», dice Ashley. «Es increíble que no pensara que decirme esto sería un problema. Pero aún más sorprendente es que yo no viera nada malo en ello. De hecho, me sentí halagada de que me necesitara tanto. Era la validación que buscaba desde que entré en la empresa», ese respaldo extrínseco que tanto significa para todos nosotros.

Sin embargo, la mención de su jefe sobre el ascenso se quedó con ella, y después de ver cómo dos colegas menos cualificados obtenían jugosos ascensos, Ashley se dio cuenta de que su enfoque de «mentalidad de dominio» en su puesto actual estaba prácticamente diseñado para mantenerla estancada. Pidió consejo a un antiguo jefe, que le dijo que tenía que pensar en cada trabajo como un empleo y un puente para lo que viniera después.

Dijo: «Por supuesto que hay que cumplir con el trabajo, pero hay que pensar más allá. Es raro que te asciendan porque hayas hecho tu trabajo de forma impecable. Lo más probable es que te asciendan porque la gente te conoce y confía en que puedes contribuir a un nivel superior. Y porque demuestras que estás preparada para un reto».

Esa conversación dio un vuelco a Ashley. «Me di cuenta de que le había dicho a mi actual jefe que me conformaba con seguir donde estaba. Ahora tenía que demostrarle que eso ya no era cierto. Así que cuando se publicó un trabajo aún mayor en B2B, entré en su despacho y le dije que lo daría todo para conseguirlo. No podía estar más sorprendido, pero me escuchó. Lo había dejado claro. Dijo que estaría encantado de darme su apoyo».

Ashley envió un correo electrónico a su jefe en el que exponía todas las razones por las que era adecuada para el nuevo puesto. «Básicamente, eran temas de conversación que podía utilizar para venderme al equipo de B2B. Me dijo que tenerlo todo escrito le ayudó mucho».

También ayudó a Ashley porque la redacción del correo electrónico le obligó a reflexionar profundamente sobre sus puntos fuertes. Esto cambió su imagen de lo que tenía que aportar. Dice: «Siempre había dado por sentado que ser diligente y superconsciente era lo que me hacía tener éxito en los trabajos que había tenido. Pero al mirar bajo la superficie, vi que mi habilidad para gestionar las relaciones era en realidad mi mayor activo. Eso era lo que realmente me calificaba para el siguiente trabajo. Esto fue un gran *ajá* para mí. Me dio confianza y una forma de decirle a mi nuevo jefe que estaba preparada para cosas aún mayores. Y lo que es más importante, me ayudó a ver que estaba preparada».

LEVANTARSE DEL BANQUILLO

Ana, diseñadora de *software* en una de las mayores empresas tecnológicas de Silicon Valley, aprendió una lección similar sobre el valor limitado de la pura experiencia. Pero lo aprendió sola, sin la intervención de un antiguo jefe.

Ana creció en México, pero estudió Ingeniería en California, donde era una de las pocas mujeres. Uno de sus profesores le dejó claro que, en su opinión, enseñar a las ingenieras era una pérdida de tiempo.

Dice Ana: «Solía decir en clase que, por supuesto, todas las mujeres conseguirían trabajo porque las empresas se veían obligadas a contratarnos. Lo veía como una acción afirmativa y no esperaba que ninguna lo hiciera bien. Cuando decía eso, me miraba directamente. Tengo la idea de que me veía como un doble caso de discriminación positiva porque destacaba por ser latina».

Ana consiguió un trabajo de desarrollo de *software* en una empresa que contrataba activamente a mujeres, por lo que los comentarios de su profesor siguieron resonando en su cabeza. Quería demostrar que había sido contratada por sus méritos, así que se centró en superar sus tareas y ser el caballo de batalla más fiable de su equipo.

Dice: «No pensé en ascender. Estaba agradecida por tener un buen trabajo y disfrutaba siendo metódica y competente mientras desarrollaba mis habilidades como ingeniera. Probablemente me habría contentado con quedarme donde estaba, pero mi marido murió repentinamente y me dejó con tres hijos pequeños que mantener. Sabía que necesitaría una guardería a tiempo completo y que tendría que mantener a mis hijos en una parte del mundo muy cara. Eso significaba que tenía que ascender».

Ana empezó a solicitar puestos de alto potencial y pronto consiguió un trabajo de desarrollo de nuevos sistemas para la profesión jurídica. Dice: «Era un entorno totalmente diferente. En lugar de ser ingenieros trabajando tras un escritorio, estábamos constantemente en contacto con nuestros clientes para saber lo que necesitaban. No sabía nada de los bufetes de abogados, así que empecé a organizar muchas reuniones en las que podía hablar con los abogados sobre cómo utilizaban la tecnología».

El trabajo de Ana en esas reuniones era hacer preguntas, escuchar y aprender. Al principio, esto la incomodaba. «Sentía que debía transmitir información o demostrar de algún modo que sabía lo suficiente para estar allí. Cuando hacía presentaciones en mi antiguo trabajo, siempre había una gran cantidad de preparación. Pero ahora se trataba de hacer hablar a los abogados, no de mostrarles lo que yo sabía. Dejar de lado eso me daba un poco de miedo. En el fondo de mi mente, podía oír a mi antiguo profesor sonreír diciendo que estaba fuera de mi alcance».

Pero a medida que adquiría más experiencia, Ana empezó a ver que tener respuestas era menos importante a medida que ascendía, mientras que forjar relaciones era más importante. Dice: «No puedes ser el experto cuando tu dominio es extenso y tu ámbito de control es amplio. Tienes que confiar en los demás. Además, tienes menos tiempo para ponerte al día en los detalles. El resultado es que tienes que confiar en la gente y ellos tienen que confiar en ti. Y la confianza se construye en el vaivén del compromiso, no sabiendo hasta el último detalle».

CUATRO TIPOS DE PODER

Investigando un libro anterior, *The Web of Inclusion,* Sally pasó medio día con Ted Jenkins, la cuarta persona contratada en Intel, uno de los gigantes tecnológicos que han hecho de Silicon Valley un motor mundial de innovación. Ted había visto evolucionar a su empresa desde sus inicios. Había visto a ingenieros brillantes cambiar el mundo, y había visto a ingenieros brillantes estrellarse y arder.

En la opinión de Ted, los que prosperaron entendieron que hay cuatro tipos de poder en las organizaciones.

El primer tipo de poder es el poder de la experiencia, del que ya hemos hablado. Las empresas del conocimiento, como Intel (o los empleadores de Ashley y Ana), dependen por completo del talento humano para crear, perfeccionar, crear prototipos, fabricar, comercializar, vender y distribuir productos cuyo valor reside en el conocimiento especializado que contienen sus procesos y su diseño. Como la experiencia es necesaria para el éxito, demostrarla puede convertirse en un deporte competitivo en estas empresas. Pero por las razones que Ana descubrió, cultivar la experiencia a expensas de otros tipos de poder no te posicionará como líder.

El segundo tipo de poder es el poder de las conexiones, o el poder de a quién conoces. Las conexiones suelen crearse a medida que uno se desplaza por la empresa, ocupa distintos puestos, encuentra aliados y se mantiene en contacto. También es importante conocer a la gente de tu industria o sector, así como a los clientes clave y a las personas que se mueven en tu comunidad. Las conexiones son una especie de moneda de cambio que puedes utilizar para conseguir recursos y asegurar que tus contribuciones se tengan en cuenta. Como aprendió Ana, la sobrevaloración de la experiencia puede hacer que seas reacia a invertir tiempo en crear conexiones. Pero tus relaciones se convierten en una parte cada vez mayor de tu valor a medida que vas ascendiendo.

El tercer tipo de poder es el poder de la autoridad personal o carisma, que se basa en la confianza que se inspira en los demás. Rara vez se empieza la carrera con mucha autoridad personal, sino que esta se construye a medida que se desarrolla la reputación con el tiempo. La experiencia y las conexiones pueden ayudar a establecer la autoridad personal, pero siempre hay otro elemento: una fuerte presencia, una mentalidad distintiva, una forma de hablar y escuchar que inspira lealtad y confianza, o un grado inusual de gravedad. La autoridad personal es lo que distingue a los líderes más exitosos, independientemente de que su autoridad esté vinculada a su posición.

El cuarto tipo de poder es el poder de la posición, o el lugar que ocupas en la organización. A Marshall le gusta citar a Peter Drucker, quien observó célebremente que «la decisión la toma siempre la persona que tiene el poder de tomar la decisión». En otras palabras, la persona que tiene el poder posicional toma las decisiones clave. Esta realidad suele enfurecer a los expertos, que creen que sus conocimientos deberían contar más a la hora de tomar decisiones. Tal vez deberían, pero rara vez lo hacen. El poder posicional es más eficaz cuando se apoya en el poder de la autoridad personal. Sin él, los demás pueden no confiar en las decisiones de su líder.

Ted Jenkins señaló que las organizaciones son más saludables cuando los cuatro tipos de poder están en equilibrio. Cuando el poder posicional prevalece sobre todo lo demás, las decisiones tienden a tomarse de forma arbitraria, con información insuficiente y sin mucho apoyo. Las organizaciones verdaderamente tóxicas tienden a considerar a los empleados con experiencia, conexiones o autoridad personal como amenazas a la autoridad absoluta de los líderes posicionales. Jenkins observó que una de las principales razones por las que Intel había tenido éxito a la hora de atraer ideas innovadoras de personas de todos los niveles era el valor que la empresa otorgaba al poder no posicional.

La plantilla de Ted Jenkins puede ser útil si tienes un historial de sobrevaloración de la experiencia o esperas que se traduzca en poder posicional. La experiencia, las conexiones y la autoridad personal son tipos de poder no posicionales que puedes cultivar y practicar durante tu carrera. Cuanto más desarrolles estos poderes complementarios, más preparada estarás para asumir el poder posicional.

Una definición sencilla de poder es «potencial de influencia». Si quieres influir en el mundo de forma positiva —como quieren hacer casi todas las mujeres con las que hemos trabajado— tienes que tener poder. Una de nuestras principales motivaciones para escribir este libro es ayudar a las mujeres que ya están haciendo un gran trabajo a ser aún más influyentes y a marcar una diferencia positiva en el mundo.

Esto es lo que ocurrió con Ana. A medida que sus contactos y su confianza crecían, notó que los clientes y los compañeros de trabajo la consideraban alguien en quien podían confiar. Esto aumentó su autoridad personal. Cuando finalmente fue nombrada directora de la división de servicios profesionales de su empresa, añadió poder posicional a la mezcla. Al dar menos valor a la experiencia y sentirse cómoda utilizando otros tipos de poder, Ana pudo pasar a la alta dirección y asegurar el futuro de sus hijos.

La historia de Ana tiene resonancia para muchas mujeres, ya que su ascenso se produjo contra muchos obstáculos. Como inmigrante, fue objeto de un profesor abiertamente machista que la hizo sentirse insegura de sus conocimientos de ingeniería. Al ser el único sustento de sus hijos tras la temprana muerte de su marido, se vio obligada a buscar poder para tener suficientes ingresos. Esto la empujó a salir de su zona de confort, donde acabó aprendiendo que la capacidad de establecer relaciones sólidas constituía una base mucho más firme para el éxito que los conocimientos especializados que había tratado de cultivar para «mostrar» a su profesor. Al dejar de lado la pericia, Ana pudo, irónicamente, sentirse plenamente segura de sí misma como líder y aprovechar el poder necesario para ascender.

8

Hábito 4: Construir las relaciones en lugar de, además de construirlas, aprovecharlas

Con frecuencia preguntamos a las mujeres con las que trabajamos en qué creen que son mejores. La mayoría cita su capacidad para establecer relaciones sólidas, especialmente con los clientes, los compañeros y los subordinados directos. Los estudios confirman esta percepción. Por ejemplo, en dos estudios mundiales recientes, los altos directivos calificaron a sus empleadas como las más indicadas para motivar y comprometer a los demás, crear equipos fuertes, negociar para ganar, escuchar con empatía y fomentar la moral, todas ellas habilidades basadas en el talento para las relaciones.

Sin embargo, estos resultados plantean un enigma.

Teniendo en cuenta el consenso de que muchas mujeres tienen excelentes aptitudes para las relaciones, y dado que las organizaciones consideran cada vez más la capacidad de establecer relaciones sólidas como una aptitud vital para el liderazgo, ¿por qué las mujeres no se benefician más de esta fortaleza? ¿Por qué no las ha impulsado a niveles cada vez más altos en sus organizaciones? ¿Por qué, a la hora de alcanzar los puestos más altos, muchas mujeres a las que se les da bien entablar relaciones no consiguen ascender?

Nuestra experiencia sugiere una respuesta.

A lo largo de los años, hemos observado que, si bien las mujeres suelen ser excelentes constructoras de relaciones, tienden a ser menos hábiles a la hora de aprovecharlas. O quizás no exactamente menos hábiles, sino más bien notablemente reacias a hacerlo. Por supuesto, esto no es cierto para todas las mujeres. Hemos conocido a muchas que son magníficas en el uso de este «apalancamiento»: sutiles, magnéticas y estratégicas. Estas mujeres disfrutan activamente de la creación de conexiones que benefician no solo a sus organizaciones y a un amplio abanico de personas, sino también, y de forma muy enfática, a ellas mismas.

Sin embargo, también vemos mujeres con talento y muy trabajadoras que se rebelan ante la sola idea de involucrar a otros para que les ayuden a alcanzar objetivos profesionales específicos o a largo plazo. Están dispuestas a dedicar tiempo y energía a conocer a la gente, ofrecerles ayuda, escuchar sus problemas, darles consejos y acercarse a ellos. Pero se encogen ante la perspectiva de comprometerse con ellos de una manera que promueva sus propias ambiciones.

Cuando preguntamos a las mujeres que se sienten incómodas con la noción misma de apalancamiento qué es lo que las frena, solemos escuchar alguna variación de lo siguiente:

«No quiero que los demás piensen que los estoy utilizando».

«Quiero que la gente sepa que los valoro por sí mismos, no por lo que puedan hacer por mí».

«No me gusta la gente egoísta y no quiero serlo».

«Básicamente, no soy una buscavidas».

«Los juegos políticos no son lo mío».

Estas afirmaciones dejan clara la creencia subyacente de que ejercer el apalancamiento se traduce en no ser una persona muy agradable. Esto es problemático porque aprovechar las relaciones es clave para lograr el éxito profesional.

La mayoría de las grandes carreras se construyen no solo sobre el talento o el trabajo duro, sino sobre el intercambio mutuo de beneficios, algo con lo que los hombres suelen sentirse más cómodos que las mujeres.

Hay una especie de intercambio de ganancias que parece ser natural para muchos hombres. Lo disfrutan. Se sienten cómodos diciendo: si me apoyas en esto, yo estaré ahí para ti. Tener una relación estrecha con alguien suele ser menos importante para ellos que poder contar con el apoyo de esa persona cuando lo necesitan. Esta es una forma estándar de operar en la mayoría de las organizaciones. Por eso, las mujeres que no se sienten cómodas desarrollando asociaciones en las que todos ganan pueden estar en desventaja. Julie Johnson, la *coach* ejecutiva mencionada en el capítulo dos, está de acuerdo. Dice: «Según mis observaciones, cuando los hombres establecen relaciones en el trabajo, suelen estar muy centrados. Persiguen a las personas que creen que pueden ayudarles a conseguir sus objetivos. Las mujeres suelen tener múltiples razones para entablar relaciones. Admiran a una compañera de éxito y la quieren como amiga. Necesitan a alguien con quien hablar de su trabajo. Sienten pena por un compañero de trabajo y quieren ayudarle. Simplemente quieren caer bien a la gente en general. O tal vez se queden con una relación que han superado en nombre de la lealtad».

Ninguna de estas motivaciones (excepto a veces la última) es perjudicial en sí misma, señala Julie. Y entablar relaciones estrechas puede ser personalmente gratificante y proporcionar sustento emocional y apoyo, ambos importantes, especialmente para las mujeres que se sienten aisladas en sus trabajos. Pero si te niegas rotundamente a aprovechar las relaciones que has construido en pos de tus objetivos, reducirás tu capacidad para alcanzar todo tu potencial.

Y eso sería una pena. Porque tu reticencia no solo te privará de la ayuda que necesitas para poner en práctica tus sueños y realizar tus talentos, sino que socavará tus esfuerzos por apoyar a tus colegas, compañeros y subordinados directos. Al restringir tu esfera de influencia, y apartarte de lo que puedes considerar como un juego político, acabarás erosionando tu capacidad para marcar la diferencia en el mundo.

LOS FUNDAMENTOS DEL APALANCAMIENTO

El apalancamiento es una habilidad clave en la carrera, una forma estratégica de operar que puede dar grandes recompensas. Los líderes de éxito saben cómo emplearlo. Pueden ser sutiles o directos, según su estilo preferido. Pero si te encuentras con alguien que tiene una importancia real como líder, puedes apostar que utiliza el apalancamiento cada vez que puede.

Incluso si te sientes incómoda o escéptica con el tema del apalancamiento, puedes beneficiarte si comprendes los aspectos básicos de su funcionamiento. Se diferencia de la construcción de relaciones en cuatro aspectos.

1. El apalancamiento es siempre recíproco, basado en un *quid pro quo*.

La premisa subyacente es: tú me ayudas y yo te ayudo. Esta reciprocidad puede ser declarada y prometida explícitamente, o puede ser implícita y entendida tácitamente. Pero las relaciones apalancadas siempre operan en beneficio mutuo. Cuando pides algo, ofreces algo a cambio, y tanto tú como la otra persona intentan servirse mutuamente.

El apalancamiento puede ser la base de una relación, o simplemente un aspecto de una relación que también tiene una dimensión personal. La cuestión es que ambas personas implicadas entienden que se están utilizando mutuamente para mejorar su acceso a los recursos, ampliar sus conexiones profesionales y crear oportunidades mutuamente beneficiosas. La creencia subyacente es que si sube la marea levantará todos los barcos.

2. El apalancamiento se utiliza para alcanzar objetivos tanto tácticos como estratégicos.

El apalancamiento se inicia cuando se hace una petición. Por lo general, la petición es pequeña y específica: represento a un artista cuyos grabados son perfectos para los vestíbulos de los hoteles. ¿Conoces a alguien del sector hotelero que pueda presentarme a distribuidores que adquieran obras para sus establecimientos? O más sencillamente: ¿estarías dispuesto a compartir tus conocimientos sobre lo que motiva a este cliente?

Se trata de favores tácticos que te ayudan a alcanzar objetivos inmediatos, cosas que te serían útiles esta semana, este mes, este año. Sin embargo, en su forma más eficaz, el apalancamiento también sirve al propósito estratégico más amplio de involucrar a quienes podrían serte útiles en el futuro. Tu petición táctica abre la puerta a un intercambio de información que puede no dar beneficios inmediatos, pero que puede ayudarte a alcanzar un objetivo a largo plazo. La persona a la que le hagas la petición también considerará que la relación tiene un valor potencial cuando pase a un nivel superior. Este tipo de reciprocidad funciona mejor cuando tus objetivos armonizan y complementan los de las personas con las que tratas de relacionarte.

3. El apalancamiento es muy intencionado.

Tú estableces una relación de apalancamiento con un propósito específico en mente, lo que significa que utilizas criterios diferentes que cuando estableces una amistad. ¿La persona con la que pretendes relacionarte tiene relaciones que podrían serte útiles, ahora o en el futuro? ¿Parece estar preparada para hacerse más poderosa con el tiempo? ¿Hay algo que estés especialmente bien posicionada para ofrecerle ahora que pueda hacer que desee ser un recurso para ti en el futuro?

Que te guste la otra persona no es lo principal, aunque nunca es buena idea buscar una relación recíproca con alguien que te desagrada. Ese camino lleva a la explotación mutua, que puede parecerse mucho al apalancamiento, pero tiene el potencial de crear un desastre. Más importante que lo que sientas por la persona es lo bien posicionados que estéis los dos para ser útiles el uno al otro con el tiempo. Esto es lo que distingue el apalancamiento de la amistad, aunque ambos pueden solaparse, y muy a menudo lo hacen.

4. El apalancamiento trae consigo distintas recompensas.

En el capítulo anterior, vimos la diferencia entre las recompensas intrínsecas y extrínsecas en relación con el dominio y el reconocimiento. Estos conceptos también se aplican al apalancamiento. En la amistad y en las simples relaciones entre colegas, las recompensas son intrínsecas, es decir, muy personales y subjetivas. Te gusta cómo alguien te hace sentir, disfrutas de su sentido del humor, te sientes inspirada o reconfortada después de hablar con ella.

En las relaciones apalancadas, las recompensas son extrínsecas, es decir, medibles y concretas. Se accede a un nuevo grupo de clientes o inversores potenciales. Tienes la oportunidad de mejorar tu reputación y visibilidad o de aprender una nueva habilidad. Al establecer el apalancamiento, el propósito siempre está en primer plano. Esto no significa que no respetes o disfrutes pasando tiempo con la otra persona. Pero las recompensas intrínsecas son un extra en lugar de la cuestión.

EN UNA BUENA CAUSA

Los aspectos transaccionales, tácticos, estratégicos e intencionales del apalancamiento pueden ser un obstáculo para las mujeres. El alto valor que las mujeres otorgan a las relaciones a menudo hace que estén más dispuestas a buscar amistades personales que ofrezcan recompensas intrínsecas que a cultivar conexiones y recoger fichas para su uso futuro. Las mujeres que se resisten a utilizar el apalancamiento suelen ver las relaciones desinteresadas como algo más puro, prueba de que eres una persona digna de confianza y honorable. El intercambio de información puede implicar que tienes una agenda y que está en tu propio beneficio.

Hay dos problemas con este tipo de pensamiento.

La primera es que supone un grado de impotencia por tu parte.

Esto se debe a que en el espíritu de «tú me ayudas y yo te ayudo» subyace la promesa no expresada de que tienes el potencial de ser útil a la persona con la que te relacionas. No eres una pobre alma que pide ayuda. Eres un recurso potencial que la otra persona tendrá la suerte de tener en los próximos años.

En otras palabras, hacer palanca es una forma sutil de sugerir que vas a llegar lejos. Que eres un jugador cuya ayuda puede ser valiosa en el futuro. Negarte a comprometerte de esta manera alegando que no quieres «utilizar» a la otra persona sugiere que no te ves a ti misma con este tipo de poder. Y que no puedes imaginar que la otra persona perciba una ventaja en tener una relación contigo.

El segundo problema de ver el apalancamiento como un comportamiento moralmente sospechoso es que revela esa familiar mentalidad binaria sobre la que hemos estado insistiendo en este libro.

O bien eres una persona maravillosa con intenciones puras que no piensa en su propio progreso, o bien eres una confabuladora que utiliza a los demás para conseguir sus propios fines. O estás motivada por el deseo de una amistad desinteresada, o solo te interesas por ti misma. Este tipo de encuadre no permite un término medio, no hay forma de ser una persona buena y servicial que también sea capaz de perseguir su propio interés.

La mentalidad de «lo uno o lo otro» se muestra con mayor claridad cuando una mujer que desprecia el uso de la palanca en su carrera se siente perfectamente cómoda haciéndolo al servicio de una buena causa. Esto es bastante común.

Por ejemplo, Amanda, coordinadora de productos de un fabricante de dispositivos médicos. La empresa de Amanda tiene una reputación mundial y está muy orgullosa de sus productos. Hace poco, uno de los principales vendedores de su empresa se puso en contacto con ella para hablar del hospital en el que trabajaba anteriormente como administradora. Amanda ha mantenido sus vínculos con muchos de sus antiguos compañeros, no porque sean clientes potenciales —su trabajo es más bien de cara al interior— sino porque le encantaba la camaradería de su antiguo equipo.

Dice: «Kevin me pidió que le presentara a algunos de los altos cargos que conocía para que pudiera conectar con ellos sobre algunos de nuestros productos. Me sentí incómoda con esto por varias razones. Considero a estas personas amigos personales y no quiero que se sientan presionados. Él es un verdadero pez gordo en las ventas y se sabe que es bastante agresivo. Además, Kevin nunca mostró un ápice de interés por mí hasta que se enteró de que había trabajado en ese hospital. Parece que no le importo como persona, así que ¿por qué debería tenderle una mano?».

Amanda no quería decir directamente que no, así que trató de evitar a Kevin. «Esperaba que entendiera que no estaba interesada, pero siguió llamando y presionándome. La verdad es que la forma en que lo hacía era bastante descarada».

Tal vez sea así, pero esa no es una gran razón para que Amanda desprecie la oportunidad de hacer un simple favor a una de las estrellas de su empresa, alguien que está en una fuerte trayectoria apuntando hacia arriba. Si quería proteger a sus amigos del hospital, podría haberles preguntado si les importaba que ella les presentara. O podría haberles dicho que usaran su propio juicio sobre si debían responder cuando Kevin llamara. Y como sabe que los productos de su empresa son superiores, la conexión podría haber sido ventajosa para sus antiguos amigos. Lo único que Amanda estaba protegiendo realmente era su propia creencia de que hacer valer su influencia en nombre de sus propios intereses era una práctica desagradable e interesada.

Sin embargo, al mismo tiempo que se ponía a hablar de Kevin, Amanda estaba forjando conexiones y torciendo brazos en nombre de un refugio para víctimas de la violencia doméstica que se había abierto en su comunidad: llamando a los vecinos para que compraran entradas para la recaudación de fondos y reclutando a colegas como voluntarios. Al asumir la causa de las mujeres que buscaban refugio, a Amanda no le preocupaba en absoluto que presionar a las personas con las que tenía amistad fuera aprovecharse de ellas o ser una estafadora. Como consideraba que el objetivo merecía la pena, se sentía perfectamente cómoda empleando las mismas tácticas «descaradas» que Kevin. No era a sus tácticas a lo que ella se oponía, sino a emplear esas tácticas en la búsqueda de su propio interés.

ACTUANDO CON TU FUERZA

Nuestra experiencia nos ha convencido de que el apalancamiento es una habilidad profesional clave que muchas mujeres podrían aprovechar mejor para ascender. Pero también reconocemos que las inhibiciones que muchas sienten sobre su uso se basan en uno de los puntos fuertes más profundos y característicos de las mujeres.

Décadas de investigación confirman que la preferencia de las mujeres por establecer relaciones personales sólidas en lugar de alianzas transaccionales les sirve como gran fuente de fortaleza emocional, resistencia a largo plazo y alegría cotidiana. Las amistades estrechas de las mujeres son una bendición para ellas, y la envidia de muchos hombres, que desearían poder hablar más íntimamente con sus amigos cuando tienen problemas, están deprimidos o se sienten solos.

Por lo tanto, no pienses que te estamos instando a infravalorar tu don de intimidad o a frenar tu calidez y tu preocupación por los demás en favor de un enfoque más apalancado. En lugar de ello, podrías pensar en cómo poner en juego tus habilidades para forjar conexiones profundas mientras buscas también ser más intencional en la construcción de relaciones que puedan ser ventajosas para ti en el futuro. Este es, sin duda, el enfoque que adoptan las mujeres que son magníficas para el apalancamiento, y por eso sus esfuerzos pueden ser tan convincentes y magnéticos.

También podrías examinar hasta qué punto tu rechazo a cualquier elemento *quid pro quo* en las relaciones se basa en un juicio moralista. Ayuda recordar que el apalancamiento es una calle de doble sentido, y que incluso cuando te beneficias, también estás beneficiando a otra persona. El éxito del apalancamiento es la definición misma de un beneficio para todos: es bueno para ti y es bueno para la otra persona. Y cuanto más genuinamente vean los demás que tú estás comprometida con la reciprocidad de la relación, más valor crearás para ellos, y para el mundo.

9

Hábito 5: No conseguir aliados desde el primer día

Acabas de empezar un nuevo trabajo. Puede ser en una nueva empresa o en una nueva división de la empresa a la que te incorporaste hace diez años. Al igual que Ana, la ingeniera de Silicon Valley del capítulo siete, puede que te sientas un poco fuera de lugar. Eres novata en lo que respecta a ciertas habilidades. No sabes cómo conseguir los recursos que necesitas y no sabes a quién preguntar. Tu jefa parece simpática y bien informada, pero está en pleno proceso de contratación y no quieres molestarla con preguntas.

Pero tienes que ponerte al día rápidamente. Así que decides centrarte en aprender todo lo que puedas estudiando la gran cantidad de material que RR. HH. te ha proporcionado y sumergiéndote en los detalles de tu trabajo. Cuando tengas más claro lo que haces, levantarás la cabeza y empezarás a establecer contactos.

Si este es tu plan, por favor, no sigas adelante. Estás a punto de cometer un error muy común. Es un error que ambos hemos visto cometer a muchas mujeres con talento, a menudo como consecuencia de sobrevalorar la experiencia (hábito tres) o de ser reacias a aprovechar las relaciones (hábito cuatro). A veces es una forma de evitar el conocido síndrome del impostor femenino, el miedo a ser desenmascarada como indigna o no estar a la altura del trabajo. A veces temes que te vean como una carga. Sea cual sea la causa, rara vez es un enfoque eficaz.

Sin embargo, persiste. Las mujeres que asumen nuevos puestos deciden mantener la cabeza agachada hasta que dominen los detalles y estén seguras de que pueden rendir a un determinado nivel. Quieren sentirse plenamente preparadas antes de empezar a dar la cara.

Por el contrario, los hombres que ocupan nuevos puestos suelen empezar con la pregunta: «¿Con quién debo relacionarme para que este trabajo sea un éxito?». Consideran que el camino hacia el éxito no es una cuestión de qué o cómo, sino de quién. Consideran que las conexiones son la parte más importante de su trabajo y quieren empezar a crearlas desde el primer día.

¿El resultado de este enfoque centrado en la persona? Más apoyo. Mejor posicionamiento. Mayor visibilidad. Menos aislamiento.

Y no por casualidad, mucho menos trabajo.

Por supuesto, también vemos mujeres que empiezan inmediatamente a crear conexiones: mujeres con éxito y experiencia que saben que la experiencia es solo una fuente de poder, y rara vez la más importante. Mujeres que reconocen que quedarse atascadas en la maleza es especialmente desaconsejable al principio de un trabajo o proyecto, cuando más apoyo se necesita.

Pero a otras mujeres les cuesta un poco darse cuenta, sobre todo en empresas o sectores en los que han estado subrepresentadas durante mucho tiempo. Si esa es tu situación, puede que te sientas incómoda para acercarte o escéptica de que tus compañeros de trabajo, en su mayoría hombres, quieran conocerte. O puedes estar convencida de que tienes que ganarte su respeto antes de acercarte a ellos.

El camino que elijas dependerá normalmente de lo que crees que te hace creíble en el trabajo. ¿Es lo que haces o con quién te alías? Por supuesto, siempre serán ambas cosas. Si tienes grandes conexiones, pero no cumples, nunca inspirarás confianza. Pero las conexiones construidas en conjunto con la experiencia, y desde el principio, harán que el camino sea más fácil. Para ser totalmente creíble, siempre vas a necesitar aliados.

Los aliados son compañeros, colegas, superiores, patrocinadores, colaboradores directos y seguidores internos y externos que apoyan tus esfuerzos para llegar a donde quieres. Los aliados saben lo que estás tratando de lograr, creen que tiene valor, sienten que tienen un interés en ello y hacen lo que pueden para hacerte avanzar. Te ayudan a encontrar los recursos que necesitas para hacer un trabajo duro. Y dan a conocer tus contribuciones.

Tú haces lo mismo por ellos porque los aliados se ayudan mutuamente, y la mutualidad está en la raíz de la alianza. Los aliados también tienen una base amplia. Las personas de niveles inferiores pueden ser aliados valiosos, al igual que los que ocupan puestos de primera línea, de apoyo o de recursos. Cuanto más inclusiva sea la red de aliados, más sólido será su apoyo.

Los aliados son el corazón y el alma de una carrera exitosa.

Los aliados no tienen por qué ser amigos. Las personas con redes expansivas y resistentes tienen docenas de amistades que pueden durar décadas sin llegar a ser personalmente cercanas. Los sociólogos llaman a estas relaciones «lazos débiles» y señalan que es mucho más probable que las personas encuentren trabajo y sean recompensadas por sus esfuerzos como resultado de lazos débiles que del tipo de lazos fuertes que caracterizan a las amistades cercanas.

Los investigadores descubren que las personas con muchos lazos débiles o fuertes redes de aliados tienen dos prácticas en común. Se acercan primero a los demás en lugar de esperar a que los demás vengan a ellos. Y se esfuerzan por poner en contacto a las personas, incluso a las que no conocen especialmente.

Contrasta esto con Amanda en el capítulo anterior. Al negarse a relacionar a Kevin con sus amigos del hospital, citó en parte que él nunca había parecido «preocuparse por ella como persona». Si hubiera entendido el poder de los vínculos débiles, no habría considerado esto un problema. Habría sabido que le interesaba reclutar a Kevin como aliado, independientemente de su potencial —o no— para ser un amigo, y lo habría puesto en contacto de buen grado con sus antiguos colegas. Habría visto el valor de atraerlo a su red de conexiones.

ALIADOS, MENTORES Y PATROCINADORES

En los años noventa y principios de los 2000, se exhortó a las mujeres a encontrar mentores, superiores con experiencia que pudieran ofrecer orientación y consejo. La idea se institucionalizó en muchas organizaciones, y RR. HH. creó círculos de mentores o incluso contrató a mentores profesionales para trabajar con grupos de mujeres. Pero en 2011, la organización de investigación Catalyst publicó un estudio en el que se concluía que, aunque la tutoría podía ser útil, el patrocinio era el factor clave del éxito en las carreras de las mujeres.

La idea despegó.

Los mentores y los patrocinadores se diferencian en que los mentores ofrecen consejos y sirven de caja de resonancia, mientras que los patrocinadores se dedican menos a hablar que a actuar.

Un patrocinador, que suele ser un líder de alto nivel en tu organización, sirve como tu defensor, propone tu nombre para las asignaciones, presenta a colegas importantes, y ayuda a eliminar los bloqueos estructurales que podrían mantenerte atascada.

Es evidente que los patrocinadores pueden ser de gran valor. Pero hay un problema: es muy difícil encontrarlos y contratarlos. Esto se debe a que hay un enorme desajuste entre el número de mujeres que buscan patrocinadores y el número de mujeres u hombres disponibles para el patrocinio. Como las pirámides organizativas son lo que son, no hay tanta gente en la cima.

Como le dijo a Sally una mujer del comité ejecutivo de una gran empresa de seguros: «Apenas puedo abrir la puerta de mi oficina sin que alguien me embosque para ser su patrocinadora. Se hace mucho hincapié en el patrocinio de las mujeres, pero hay un número limitado de ellas. Además, las iniciativas formales de patrocinio parecen tener un éxito limitado. Este tipo de relaciones funcionan mejor cuando hay un elemento de química personal. Así que son más eficaces si se les permite evolucionar».

Y añadió: «No es sano que tantas mujeres hayan llegado a creer que el patrocinio es la única forma de avanzar, una especie de varita mágica que transformará toda su carrera. Y las mujeres que no han podido encontrar patrocinadores se sienten como si hubieran sido consideradas personalmente indignas. Empiezan a culparse a sí mismas en lugar de darse cuenta de que es un problema estructural».

Sin embargo, la mayoría de las mujeres de alto nivel lograron llegar a donde están sin un patrocinador que las ayudara, como señala la ejecutiva de seguros. «Hablando por mí, habría sido maravilloso tener a alguien poderoso en la empresa a mi lado, pero hace veinticinco años nadie oía hablar de mujeres que tuvieran ese tipo de apoyo, al menos no en esta empresa. Solo había altos ejecutivos masculinos y los chicos rubios a los que decidían promocionar, también conocidos como la red de los viejos muchachos».

Los patrocinadores son un tipo de aliado valioso, pero solo son un tipo. Así que, si te cuesta encontrar uno, la mejor respuesta podría ser dedicar esa energía a crear una amplia red de aliados. Esto no solo te fortalecerá a ti, sino que aumentará la probabilidad de que encuentres un patrocinador, ya que te dará más visibilidad y garantizará que tus contribuciones sean más conocidas.

Sheryl Sandberg, que sin duda se ha visto inundada de solicitudes de patrocinio durante varias décadas, durante su ascenso en Google y luego en Facebook, escribe en su libro *Lean In* que es más probable que los patrocinadores potenciales se sientan atraídos por personas que ya cuentan con mucho apoyo. En su opinión, los patrocinadores están motivados para esforzarse en favor de quienes ven que ya están en el camino del éxito, en lugar de los que esperan ser rescatados o que alguien se fije en ellos. Y una de las formas de indicar que se está en ese camino es construir activamente una red de conexiones.

En su informe original, Catalyst también señalaba que el patrocinio es más eficaz cuando se gana. Como observaron los autores «Para atraer a los patrocinadores, los empleados tienen que dar a conocer sus habilidades, sus puntos fuertes y su trabajo tanto a sus colegas como a los altos cargos. Deben forjarse una reputación como profesionales flexibles y colegiados que se comprometen sistemáticamente con su propio desarrollo profesional».

¿Cómo se hace esto? Comprometiendo activamente a los aliados. Preferiblemente desde el día en que se empieza a trabajar.

EL EMBAJADOR

Dianna, abogada de marcas de un conglomerado de minerales con sede en Melbourne (Australia), siempre ha sido diligente a la hora de establecer contactos. Como resultado, atrajo a un excelente patrocinador que contribuyó a que Dianna obtuviera un puesto de trabajo en Singapur, donde fue contratada para dirigir el equipo jurídico de la gran y rentable división de transporte marítimo de la empresa.

Dianna dice: «Llegué sin saber nada del derecho marítimo, que es extremadamente complejo y no podría ser más diferente de lo que había estado haciendo. No hace falta decir que me sentí un poco abrumada. Le dije a mi jefe que tenía la intención de pasar todas las horas que estuviera despierta poniéndome al día en nuestra práctica, pero eso no era en absoluto lo que quería oír».

Su jefe le dijo a Dianna que no la había contratado porque necesitaba otro excelente abogado marítimo. Dijo que los que tenía eran muy competentes. Pero tenían un largo historial de peleas entre ellos, de ocultar información a los demás y, en general, de alejar a nuestros clientes. Yo había dirigido un par de equipos con éxito en mi anterior trabajo y él quería que hiciera lo mismo allí. Sus palabras exactas fueron: «No estarías aquí si no fueras una buena abogada, pero no estás aquí para ser una buena abogada. Estás aquí para ser líder. Ese es tu trabajo».

Dianna sabía que tenía que empezar a forjar relaciones, pero enseguida se dio cuenta de que el peor lugar para empezar a hacerlo era su equipo. Dice: «Desde la primera reunión, los chicos dejaron claro que me veían como una forastera no cualificada que había sido lanzada en paracaídas por el cuartel general para ocupar un puesto que uno de ellos merecía. El hecho de que fuera una mujer no ayudó: era una cultura increíblemente machista. No tenían ningún interés en que tuviera éxito, y el resentimiento se podía cortar con un cuchillo. Lo único que podía hacer era ser amable y no dejar que me presionaran. Intentar ser amiga de ellos habría sido un desastre».

En lugar de ello, Dianna empezó a ponerse en contacto con personas de operaciones que podían ayudarla a acceder a la información y a conseguir que los recursos fluyeran, y con los clientes y proveedores que su equipo había ignorado durante mucho tiempo. Dice: «Al principio me sentí cohibida porque estaba muy atrasada en cuanto a la práctica marítima, pero decidí que la honestidad era la mejor política. Me preparé para cada encuentro haciendo listas de preguntas. Como soy abogada de formación, estaba acostumbrada a dar respuestas, así que era un comportamiento nuevo para mí. Pero me enseñó a correr riesgos y a ser más abierta. Y, por supuesto, aprendí mucho».

Una vez que conoció el terreno, Dianna empezó a participar en grupos comerciales regionales, sumergiéndose en la rica cultura marítima de Singapur. Después de unos cuantos eventos, se dio cuenta de que una serie de conexiones de su anterior trabajo podían ser útiles para las personas con las que se reunía, especialmente los clientes que buscaban ampliar sus carteras comerciales.

Dice: «Me sorprendió descubrir que la red que había creado en Australia me proporcionaba un recurso que podía utilizar en el mundo del transporte. Además, el personal interno empezó a verme como una forma de establecer sus propias conexiones en la sede. Sin pretenderlo, me convertí en una especie de embajadora de nuestra empresa en Singapur. Esto me dio mucha visibilidad y fuerza».

A medida que la red de Dianna se ampliaba, empezó a compartir recursos y conexiones con los miembros de su equipo. «Estábamos en una reunión y alguien planteaba un problema. En lugar de intentar dar una respuesta, decía: «Creo que Joe, de operaciones, podría ayudaros con eso. Le llamaré después de esta reunión». O, «Resulta que conozco a un cliente en Mumbai al que le encantaría tu sugerencia». Compartir este tipo de contactos fue muy útil porque, como la mayoría de los equipos disfuncionales, la gente con la que trabajé estaba muy encerrada en sí misma. Cuando vieron que podía ayudarles, se relajaron. Supe que lo había conseguido cuando dos de los tipos que más se resentían de mí empezaron a pedirme consejo para un proyecto».

Ahora, como funcionaria de una empresa en Melbourne, Dianna mira sus años en Singapur como el punto de inflexión en su carrera. «En lugar de verme como una abogada inteligente que ganaba puntos basándome en mis conocimientos de Derecho, empecé a verme como una líder que sacaba lo mejor de la gente y que podía ayudarles a conectar a través de los continentes. Nunca estaría donde estoy ahora si no me hubiera visto obligada a reconocer que las alianzas son más importantes que lo que sabes».

LOS ALIADOS SON TU MARCA

Desde que se publicó en 1997 el emblemático artículo de portada de Tom Peters en *Fast Company*, «The Brand Called You», la gente ha comprendido la importancia de crear una marca personal distintiva. Cuando piensas en tu marca, puedes pensar en tus habilidades, tu reputación y tu forma de presentarte. Todos estos elementos conforman tu marca. Pero, como aprendió Dianna cuando asumió su papel de embajadora en Singapur, tus alianzas también forman parte de tu marca.

Los vendedores personales eficaces lo entienden. Saben que las alianzas y las conexiones los establecen como líderes potenciales. Por eso pueden mencionar los nombres de sus colegas sin ninguna molestia. Y se sienten felices de que sus colegas hagan lo mismo.

Mencionar nombres tiene mala fama, pero en realidad solo es un problema si estás tenuemente (o nada) conectado con las personas que dices conocer. Si estas personas están en tu órbita, compartir esa información no solo es una gran manera de mejorar tu marca, sino un poderoso medio de construir credibilidad. Se te conoce por la compañía que tienes. Además, ¡estás hablando de ellos de una forma que les ayuda!

Las alianzas siempre han sido una parte importante de la marca de Marshall como entrenador de ejecutivos, autor y líder de opinión, porque tener gente poderosa que te avale es la mejor manera de establecerte en un mercado competitivo. Como *coach*, Marshall no oculta la simplicidad de su técnica, que se basa en unos pocos pasos muy sencillos: pedir opiniones, dar las gracias, hacer un seguimiento, publicitar y dar a conocer (como se verá en el capítulo diecinueve). Teniendo en cuenta esta sencillez, ¿cómo ha conseguido una base de clientes que incluye a los directores generales más importantes del mundo? Utilizando positivamente el poder de sus conexiones para construir su credibilidad como *coach* y ayudar a sus clientes a ayudarse entre sí.

Estas conexiones incluyen a sus clientes. Mientras que muchos *coaches* mantienen sus listas de clientes en privado, Marshall solo trabaja con clientes que están dispuestos a hablar abiertamente del hecho de que tienen un *coach*. Marshall siempre señala que ha aprendido más de sus clientes que ellos de él. Está muy orgulloso de sus clientes, y ellos están más que contentos de ayudarle. Por ejemplo, su libro *Disparadores* fue respaldado por veintisiete importantes directores generales. Esto es un gran motivo de orgullo para Marshall. ¿Por qué? Porque hace treinta años, casi ningún director general admitiría tener un *coach;* lo habrían considerado un signo de debilidad. Hoy en día, los directores generales inteligentes están contentos de tener un *coach* y dispuestos a hablar de ello.

Marshall hace que sus clientes se reúnan para cenar y discutir cómo pueden ayudarse mutuamente. Se siente muy cómodo con el hecho de que sus clientes a menudo aprenden más de los demás que de él. Este tipo de colaboración en la que todos salen ganando es buena para todos los participantes.

Esta estrategia tiene múltiples beneficios: establece a sus clientes como parte de un grupo de élite de aprendices. Les proporciona otras personas que están en la cima para hablar con ellas, un recurso escaso en los niveles más altos. Crea posibles relaciones comerciales. Mejora el perfil público de todos. Y construye la reputación de Marshall como el *coach* con la lista de clientes más *top*.

Puedes utilizar una versión de este enfoque, empezando donde estás y utilizando lo que tienes y a quien conoces.

Cuando sumes a aliados en un proyecto, asegúrate de hablar de ellos de forma positiva. Elogia lo que están haciendo y conéctalos con otros. No hace falta ser la más extrovertida del mundo para hacerlo. No hace falta que intentes hacer amigos o establecer vínculos estrechos. Solo necesitas involucrar al mayor número posible de personas en tus esfuerzos por tener un impacto. Y quieres hacerlo de forma pública para que tú, y ellos, podáis beneficiaros de la asociación.

El momento ideal para hacerlo es cuando empiezas un nuevo trabajo. Te aportará apoyo y establecerá tu credibilidad más rápido que cualquier otra cosa que puedas intentar. Pero también es una técnica útil si llevas un tiempo en tu trabajo. Pregúntate a ti misma: ¿cuál quieres que sea tu próximo paso allí? ¿En qué proyecto te gustaría participar? A continuación, identifica a cinco personas que puedan ser útiles y empieza a decirles lo que quieres hacer.

Podrías decir: «Carol, me gustaría ampliar mi base de clientes en los suburbios del oeste. ¿Conoces a alguien con quien pueda contactar? Les haré saber lo bien que le va a tu equipo». O bien: «Ben, me he enterado de que has contratado a ese gran acto de comedia que actuó en nuestro último retiro. ¿Podrías decirme cómo los encontraste? Estoy planeando un evento para mi red profesional. ¿Quizás te gustaría venir?».

Se trata de pequeñas peticiones y ofertas, pero esa no es la cuestión. La idea es empezar a atraer a la gente a tu red pidiendo y devolviendo pequeños favores. La voluntad de intercambiar favores y formar alianzas es el alma de una carrera de éxito. Por ello, es conveniente que te sientas cómoda para tender la mano a la primera oportunidad.

10

Hábito 6: Anteponer el trabajo a la carrera

Con frecuencia trabajamos con mujeres inteligentes, con talento y trabajadoras que ascienden rápidamente a un determinado nivel y luego permanecen allí durante un tiempo inusualmente largo. Estas mujeres suelen racionalizar su situación, citando las cosas que les gustan de sus trabajos, como la comodidad de las relaciones a largo plazo y la posibilidad de utilizar las habilidades que han tenido la oportunidad de perfeccionar.

Pero en el fondo, muchas de ellas se sienten frustradas. Ven cómo pasan por delante de ellas colegas que entraron en la empresa el mismo año que ellas. Ven cómo alguien a quien contrataron consigue un trabajo de alto nivel que ellas esperaban. Ven cómo su salario aumenta en pequeños incrementos a pesar de su excelente rendimiento, porque las políticas de su empresa vinculan el salario a la posición.

Si te encuentras atascada de esta manera, es posible que hayas dedicado tanto tiempo y energía a hacer tu trabajo magníficamente que hayas descuidado los pasos necesarios para impulsarte al siguiente nivel. Tal vez no hayas construido la visibilidad y las conexiones que necesitas para crear una demanda de tus habilidades. Tal vez hayas enviado tantas señales de que te gusta estar donde estás que la gente ya no piensa en tu nombre cuando se abre un puesto de mayor nivel.

Si esto te describe, probablemente te estás centrando en tu trabajo a expensas de tu carrera. Te fijas en lo que tienes ahora en lugar de ver el panorama general. Estás sacrificando tus perspectivas a largo plazo en favor del presente.

Por supuesto, puede que te guste tu trabajo y que sientas que encaja contigo a la perfección, así que tu reticencia es comprensible. Pero quedarte estancada nunca es una buena idea. Permanecer demasiado tiempo en el mismo trabajo socava tu satisfacción a largo plazo y tus sentimientos de autoestima. Disminuye tu capacidad de influir, así como tu potencial de ingresos. Te margina y envía el mensaje de que no crees que te merezcas algo mejor.

¿Por qué ocurre esto tan a menudo con las mujeres? ¿Existe una razón subyacente? Por supuesto, tu organización puede ser más exigente para ti que para los hombres que se ajustan a la imagen del jefe ideal. Pero a menudo hay algo más en juego. Quizás te sientas indecisa sobre lo que realmente quieres hacer y dejes que tu incertidumbre paralice tu capacidad de acción. O tal vez tengas una aversión temeraria al riesgo.

Pero, según nuestra experiencia, la razón más común por la que las mujeres anteponen su trabajo a su carrera tiene su origen en una de sus mayores virtudes: la lealtad.

Los estudios demuestran que la lealtad es una de las principales razones por las que las mujeres tienden a permanecer en sus puestos de trabajo más tiempo que los hombres. Es una virtud que puede convertirse fácilmente en una trampa. El deseo de ser leal puede llevarte a descuidar tu futuro, sacrificar tus ambiciones y malvender tu talento y potencial. Los demás pueden beneficiarse, pero tú no.

LEALTAD PERSONAL

Sally conoció a Serena en un momento en el que la insatisfacción de esta había aflorado finalmente y la había inspirado a probar un nuevo enfoque.

Había pasado once años como asistente de producción de un programa de noticias de una cadena con sede en Los Ángeles, lo que se califica como un tiempo inusualmente largo para permanecer en un trabajo de este tipo en su negocio.

El productor para el que trabajaba Serena había ganado un notable número de Emmys, y ella siempre se había sentido orgullosa de trabajar para él. Le encantaba que él elogiara constantemente sus contribuciones y hablara de lo afortunado que era por tener a alguien con su talento y experiencia trabajando para él. Incluso la llamó para darle las gracias cuando ganó su último Emmy, lo que entusiasmó a sus padres, inmigrantes egipcios a los que les gusta ver los premios estadounidenses y que estaban encantados de oír el nombre de su hija en la televisión.

A Serena le gustaba el ritmo diario de su trabajo, valoraba su papel de líder en el equipo y se sentía beneficiada por el prestigio de su jefe. Pero seguir siendo una asistente de alto nivel durante tanto tiempo le había proporcionado su cuota de momentos dolorosos. Dice: «Un asistente masculino que se incorporó cuando yo lo hice despegó como un cohete, y se convirtió en productor después de solo cinco años. No era mejor que yo en su trabajo, pero buscaba constantemente oportunidades. Yo esperé las oportunidades, pensando que mi jefe y la dirección sabrían cuándo estaba lista para ascender».

La asistencia a un retiro de liderazgo para profesionales de los medios de comunicación de diversos orígenes proporcionó a Serena una llamada de atención. El programa se centró en el desarrollo de la carrera profesional. La participación en los talleres y el asesoramiento individual la ayudaron a ver que tenía que empezar a pensar a largo plazo o podría acabar siendo una asistente personal el resto de su vida.

La experiencia también obligó a Serena a enfrentarse al papel que había desempeñado para mantenerse donde estaba. Como muchas mujeres, siempre había adoptado el enfoque de trabajar duro, atendiendo a lo que había que hacer ese día, esa semana o ese mes. «Sabía que quería producir, pero siempre pensé que, cuando llegara el momento, lo haría. Ese retiro dejó claro que mi enfoque no estaba funcionando. Necesitaba un plan diferente».

Mientras pensaba en cómo actuar, Serena se dio cuenta de que su primera tarea debía ser hacer saber a la gente de la red que estaba preparada para un reto. Pero la idea de hacerlo despertó fuertes sentimientos que le dieron una pista sobre los temores que la habían frenado. «La sola idea de decirle a mi jefe que quería su apoyo para ser productora me llenaba de temor. Tenía miedo de que me considerara desleal por abandonarlo. Temía que pensara que había utilizado mi posición con él como un trampolín. ¡Como si no fuera suficiente estar en la misma posición durante once años!».

Cuanto más pensaba en ello, más se daba cuenta Serena de que su sentido de la lealtad la mantenía estancada. Como se sentía agradecida con su jefe, nunca había presionado para conseguir otro puesto. Y aunque él nunca la había explotado, la pasividad de Serena le había beneficiado en todo momento.

Serena también se dio cuenta de que, aunque su jefe siempre se había prodigado en elogios hacia ella, lo hacía sobre todo con el personal y otros productores. Nunca había alabado su trabajo a los altos cargos de la red en Nueva York. Sin embargo, eran ellos los que necesitaban saber de qué era capaz si tenía alguna expectativa de seguir adelante.

«¿Por qué no les habría hablado de mí?», se preguntó. «En parte porque nunca se lo había pedido. Pero tal vez la otra razón era que me había hecho indispensable para él a lo largo de los años. Entonces, ¿por qué habría tomado la iniciativa de ayudarme a seguir adelante? No me malinterpreten, no estoy diciendo que el hecho de que yo siga siendo una asistente personal sea culpa suya. Me lo hice a mí misma. Pero necesitaba superar mi apego a ser vista como totalmente leal si quería convertirme en productora».

Parte de la resistencia de Serena tenía que ver con la familia. Sabía que sus padres nunca entenderían que quisiera ascender, no solo porque idolatraban a su jefe, sino porque procedían de una cultura en la que cualquiera que consiguiera un trabajo decente se aferraba a él para siempre. «En Egipto, tenías suerte de tener cualquier trabajo, así que demostrabas tu valía siendo fanáticamente leal. Si no lo eras, te consideraban arrogante e irresponsable con tu familia».

Una vez que Serena comprendió que la lealtad había sido el principal factor para mantenerla atrapada, pudo plantear a su jefe su deseo de avanzar. Él se mostró inmediatamente dispuesto a colaborar, y en pocos meses ella estaba produciendo una serie de documentales en Nueva York. «Me preocupaba que pensara que era desleal», reflexiona. «Pero la mayoría de los trabajos son peldaños en el camino hacia algo más. Y me he dado cuenta de que no hay que avergonzarse de utilizar el lugar en el que estás para posicionarte para lo que quieres después. Por supuesto que lo entendió. ¿Cómo no iba a entenderlo? Eso es lo que él hizo, o no habría llegado a donde estaba».

LEALTAD DEL EQUIPO

Serena era leal a su jefe. Pero a menudo nos encontramos con mujeres que sacrifican sus ambiciones por la lealtad a su equipo o unidad. Carlos Marín, un *coach* ejecutivo que trabaja extensamente en América Latina y Estados Unidos, encuentra que el exceso de compromiso con su equipo es la principal razón por la que las mujeres no invierten en sus propias carreras.

Carlos dice: «Muchas mujeres con las que trabajo se implican mucho en el cuidado de su equipo y pasan mucho tiempo con su gente. Esto es estupendo para su gente, y puede proporcionar recompensas intrínsecas a las mujeres. Pero no necesariamente les sirve a ellas estar tan centradas internamente».

En opinión de Carlos, la devoción por sus equipos puede hacer que las mujeres con grandes logros descuiden la creación de redes con altos cargos y socios externos que necesitan para avanzar. «Así que mientras sus colegas masculinos están construyendo relaciones que les ayudarán en el futuro, las mujeres pasan todo el tiempo que están despiertas gestionando sus equipos. Parece que lo disfrutan, y ciertamente da sus frutos en términos del rendimiento de sus equipos, pero no lleva a las mujeres a donde quieren ir».

Estas mujeres no solo no están construyendo las relaciones que podrían posicionarlas para el futuro, sino que están perfeccionando y publicitando activamente una habilidad que las identifica como aptas para un nivel inferior al directivo. Como señala Carlos, «Gestionar un equipo de forma excelente demuestra, en última instancia, que se tienen grandes habilidades como directivo. Pero la creación de redes externas sólidas es una habilidad promocional destinada a obtener el reconocimiento de la organización en general. Así que, mientras las mujeres perfeccionan sus habilidades de gestión y envían el mensaje de que son magníficas líderes, sus colegas masculinos están ocupados creando habilidades de promoción y enviando el mensaje de que son magníficos promotores».

Esto es importante porque las funciones de liderazgo superior tienden a ser más sobre el potencial para el siguiente nivel de responsabilidad que la gestión del nivel de responsabilidad actual, una realidad que a menudo se malinterpreta en los niveles directivos. Como observa Carlos, «los altos ejecutivos tienen éxito ampliando las relaciones externas de forma que sirvan a la organización en general. También tratan con el consejo de administración cuestiones estratégicas de gran alcance. No tienen éxito solo por ser grandes gestores de personas internas».

El resultado es que si, por lealtad a tu equipo, dejas que tu energía se consuma en atender concienzudamente sus necesidades, demostrarás principalmente que estás magníficamente preparada para permanecer en un puesto de cara al interior. Las habilidades de gestión que te han llevado hasta donde estás acabarán por mantenerte en el puesto, en lugar de ayudarte a ascender a un lugar donde puedas tener el máximo impacto.

UN SANO INTERÉS PROPIO

Además de darse cuenta de que su lealtad a su jefe la mantenía atrapada, Serena se dio cuenta de otra vulnerabilidad. Dice: «Tenía un miedo increíble a parecer, o a ser, egoísta. No dejaba de recordar al tipo que llegó a productor después de solo cinco años. No hablaba de otra cosa que de producir. Era ayudante de producción, ¡pero se presentaba como productor! En aquel momento me pareció pomposo y que demostraba que solo le importaba su persona. Pero ahora pienso: ¿qué hay de terrible en buscar tus propios intereses?».

Las mujeres suelen sentirse incómodas al admitir su propio interés, no solo ante los demás sino también ante ellas mismas. Esto puede hacer que se centren en su trabajo en lugar de en su carrera. Por el contrario, pensar en términos de desarrollo de la carrera sugiere que veas cada trabajo o proyecto como una forma de posicionarte para lo que pueda venir después.

Esto no significa que solo pienses en el futuro en lugar de apreciar el lugar en el que te encuentras ahora. Pero sí significa que evalúas el valor de cada trabajo no solo en términos de cuánto lo disfrutas o cuánto te valoran, sino también en términos de cómo podría servir a tus intereses a largo plazo.

Esto no tiene nada de malo. De hecho, es ser inteligente. Después de todo, ¿qué define el interés propio en el trabajo? En última instancia, es ser capaz de crear las condiciones para construir una carrera que dé rienda suelta a tus talentos y te proporcione los medios para construir una vida que te haga sentir satisfecha y que valga la pena. Este interés propio se ejerce buscando trabajos que maximicen tu potencial para alcanzar estos objetivos. No solo ahora, sino a lo largo de toda tu vida laboral.

Por supuesto, tu definición de interés propio puede no ser la misma que la de otra persona. Tal vez tú valores más el tiempo que el dinero. Tal vez el tiempo con tu familia sea primordial. Tal vez quieras una carrera que te ofrezca variedad o la posibilidad de viajar o que te ponga en contacto con personas a las que admiras. O una que te proporcione independencia económica. Sea lo que sea, saber lo que te inspira y trabajar intencionadamente para crearlo requiere que reconozcas tu propio interés y actúes en consecuencia.

El interés propio no parece ser un problema para muchos de los hombres con los que trabajamos. A los hombres les suele gustar la idea de ganar, así que se sienten cómodos anteponiendo sus intereses y los de su familia. Algunas mujeres lo hacen, pero otras parecen pensar que perseguir su propio interés las convierte en malas personas.

Heidi es una analista de una corporación financiera global. Se la considera brillante, pero su carrera se había estancado cuando Marshall fue contratado como su *coach*. En su primera reunión, le preguntó cuál creía ella que podía ser su problema.

«Lo primero que tienes que saber», dijo Heidi, «es que no soy como muchos de los chicos de aquí. Nunca piensan en el banco. Piensan en sí mismos, en lo que pueden conseguir trabajando aquí. Son muy francos al respecto, por lo que pasan más tiempo tratando de conseguir ascensos que haciendo su trabajo. Yo no soy así. Para mí es más importante hacer el mejor trabajo posible que hacer política. Pienso más en esta institución que en mi propia carrera».

Hizo una pausa, y luego añadió pensativa: «¿Quizá ese sea mi problema?».

Marshall tuvo que estar de acuerdo.

Después le dijo: «Así es como yo lo veo. A este banco le va bien porque es muy bueno invirtiendo el dinero de la gente. El banco es muy ético, lo cual es estupendo, pero no está curando el cáncer. Creo que deberías hacer todo lo posible para ayudar al banco. También deberías hacer todo lo posible para tener una gran carrera y una gran vida. Mientras no hagas nada inmoral, poco ético o ilegal, no necesitas sacrificar tu futuro por el banco. ¿Y quién eres tú para juzgar a otras personas aquí y decidir que son menos seres humanos porque, además de ayudar al banco, están interesados en ayudarse a sí mismos y a sus familias?».

Las palabras de Marshall sorprendieron a Heidi. Pero en los meses siguientes, empezó a ver con otros ojos su deseo de demostrar lealtad a su institución y su desprecio por su propio interés. Tal vez su insistencia en que no quería «entrar en el juego» era, en realidad, una forma inteligente de mantenerse atrapada.

Comenzó a preguntarse qué era lo que realmente quería conseguir. ¿Por qué estaba en el banco? ¿Qué la mantenía en su puesto? ¿Y adónde quería ella llegar? Si sus valores estaban tan en desacuerdo con las exigencias de su profesión, ¿estaría mejor en una organización sin ánimo de lucro? ¿O simplemente intentaba negar la satisfacción real que le producía su trabajo como analista?

Reflexionar sobre estas cuestiones obligó a Heidi a darse cuenta de que sus juicios sobre las personas con las que trabajaba solo servían para alejarla y hacerla sentir incomprendida. Para ser sincera, disfrutaba utilizando sus extraordinarias habilidades analíticas y su perspicacia. Le encantaba el reto intelectual. Y sentía un placer culpable cuando superaba a sus colegas.

¿Por qué culpable? Probablemente porque su madre siempre le había advertido que ser competitiva era «impropio» de una chica. No estaba de acuerdo con su madre, ni entonces ni ahora, pero se comportaba como si lo estuviera.

Una vez que se dio cuenta de esto, Heidi pudo admitir que le gustaba ser muy buena en su trabajo, y que abandonar su trabajo para dedicarse a algo diferente era una idea que la autosaboteaba. Simplemente tenía que dejar de lado el sentimiento de culpa, inculcado desde la infancia, que le impedía desarrollar todo su potencial. Necesitaba, según la frase de Sheryl Sandberg, ir hacia delante.

Así que, si estás atrapada en la trampa de la lealtad, o tienes un problema para admitir el interés propio, o si te empeñas en despreciar la política que ves a otras personas, puedes beneficiarte si consideras lo bien que te sirven estas actitudes, lo adecuadas que son para llevarte a dónde quieres ir. Las mujeres que utilizan sus trabajos como una forma de evitar pensar en sus carreras suelen tener problemas para admitir su ambición. Pero el mundo necesita mujeres ambiciosas, ¿por qué no tú?

11

Hábito 7: La trampa de la perfección

La búsqueda de la perfección puede haberte ayudado a llegar a donde estás, pero te estorbará cuando aspires a niveles más altos. Hay muchas razones para que esto sea así.

- El esfuerzo por ser perfecta genera estrés, tanto para ti como para los que te rodean, porque se basa en unas expectativas que el ser humano puede cumplir ocasionalmente, pero que no se pueden mantener a lo largo del tiempo.
- El esfuerzo por ser perfecta te mantiene atenta a los detalles, distrayéndote de la orientación general que se espera cuando alcanzas un puesto de responsabilidad.
- Esforzarte por ser perfecta crea una mentalidad negativa en la que te molesta cada pequeña cosa que sale mal, ya que incluso un pequeño error puede «arruinar» el conjunto. Y la negatividad nunca se valora en un líder.
- El esfuerzo por ser perfecta te lleva a la decepción por la sencilla razón de que no es realista. Tú, y las personas que trabajan contigo y para ti, nunca seréis perfectos, al menos mientras vivas en el planeta Tierra.

Según nuestra experiencia, las mujeres son especialmente vulnerables a la trampa de la perfección, la creencia de que tendrán éxito si hacen su trabajo a la perfección y nunca se equivocan. Aunque las mujeres, en general, tienden a ser consideradas mejores líderes que los hombres, a menudo se ven perjudicadas por su tendencia a darse importancia a sí mismas, un hábito arraigado en el deseo de ser perfectas. El resultado es que incluso las mujeres de alto rendimiento tienden a tomarse muy a pecho los fracasos, a enredarse en la autoculpabilidad y a lamentar los errores en lugar de seguir adelante.

Otros *coaches* y profesionales con los que trabajamos comparten esta valoración. Julie Johnson, la *coach* ejecutiva citada en el capítulo ocho, considera que el deseo de ser perfecta es uno de los dos retos más graves a los que se enfrentan las mujeres con las que trabaja. (Leerás sobre el otro en otro capítulo). Esto no ha cambiado durante sus treinta años de trabajo. Sin embargo, rara vez ve perfeccionismo entre sus clientes masculinos.

¿POR QUÉ LAS MUJERES?

¿Por qué las mujeres son a menudo vulnerables a este deseo de ser perfectas? ¿O a la creencia de que, si no son perfectas, son de algún modo inhábiles? La experiencia y la investigación sugieren dos razones: las expectativas de género que comienzan en la infancia y la forma en que esas expectativas se refuerzan en el lugar de trabajo.

A las niñas se las suele premiar por ser hijas obedientes y excelentes estudiantes, mientras que a los niños se les da más libertad. La gente suele hablar con cariño de un niño travieso. Se le considera encantador, divertido y adorable. Eso es especialmente cierto si es bueno en los deportes, en los que se recompensa con creces el tomar ventajas y la ostentación, así como el incumplimiento de las normas para conseguir puntos.

Por el contrario, las chicas que no se ajustan a las normas esperadas no obtienen muchas ventajas. Los colegios son mucho más propensos a sancionar a las chicas por comportamientos agresivos, como las peleas. En el caso de los chicos, estos comportamientos se suelen desestimar como un pico de testosterona, pero en el caso de las chicas se consideran vergonzosos. Estas actitudes suelen prevalecer incluso en familias y escuelas comprometidas con la igualdad de género.

Estas expectativas pueden llevar a las niñas a buscar la aprobación esforzándose por hacerlo todo bien, evitando los errores y poniendo los puntos sobre las íes. Las chicas sacan sistemáticamente mejores notas que los chicos, en parte porque se desarrollan antes, pero también porque hacerlo es la forma más segura de ganarse la aprobación. No es que los chicos no sean recompensados por sus buenas notas, pero los que reciben más elogios suelen ser las estrellas del deporte. Como deportistas, se espera que sean asertivos, que muestren confianza, que se distingan del resto y que sean audaces. Al fin y al cabo, un pase *Hail Mary* es admirado incluso cuando no llega a su destinatario. ¿Cuál es el mayor elogio que puede recibir un atleta? Que ha dominado. A los mejores alumnos nunca se les describe en esos términos.

El *coach* ejecutivo Carlos Marín, citado en el capítulo anterior, observa un patrón similar en las organizaciones. «Los datos de *coaching* y los estudios psicométricos que realizamos al hacer las evaluaciones sugieren que los hombres de nivel ejecutivo son más propensos a ser recompensados por la audacia y la asunción de riesgos», dice. «Las mujeres de niveles similares son más propensas a ser recompensadas por la precisión y la corrección».

El resultado es que muchas de las mujeres en cargos altos con las que Carlos y su equipo trabajan interiorizan la expectativa de que deben ser concienzudas y precisas. Señala que esto puede dar lugar a un miedo excesivo a cometer errores que se manifiesta de todo tipo de formas. «Por ejemplo, incluso en las reuniones de equipos ejecutivos de alto nivel, los hombres tienden a sentirse cómodos haciendo declaraciones que no han pensado necesariamente, o incluso declaraciones estúpidas. Pero si una mujer dice una estupidez, se sentirá avergonzada y le costará olvidarlo. Puede que decida evitarlo manteniendo la boca cerrada en el futuro. Y entonces será criticada por ser demasiado cauta o por no contribuir».

El miedo a cometer errores se ve agravado, por supuesto, por el hecho de que, como mujer, tus errores suelen ser vistos de forma más crítica en las culturas organizativas masculinas. Tus errores pueden ser vistos como una prueba de que las mujeres en general no pueden dar la talla, lo que puede afectar a la forma en que se ve a otras mujeres en la empresa. Esto agrava el sentimiento de culpa por haber cometido un error y por no ser perfecta.

El proceso se intensifica si se es miembro de una minoría. En Estados Unidos, las mujeres afroamericanas suelen sentir la carga de llevar sobre sus hombros las expectativas de toda su comunidad, al igual que las inmigrantes de muchas culturas de Europa, Norteamérica y Asia. Las mujeres de la India, tanto en su país como en el extranjero, pueden sentir la presión no solo de ser la empleada perfecta y tener un alto rendimiento, sino también la nuera perfecta, tratando constantemente de apaciguar a una familia que se muestra escéptica con cada uno de sus movimientos. Si te encuentras en una de estas situaciones, aprender a dejar de lado el deseo de ser perfecta adquiere una urgencia especial para no hundirte bajo el peso de las expectativas.

Para ascender, hay que aligerar la carga.

EL COSTE

Carlos Marín señala que las personas que se exigen mucho a sí mismas suelen exigir mucho a los demás. Esto puede hacer que los compañeros de trabajo y los subordinados directos se sientan resentidos. Así que, aunque es comprensible que una mujer crea que ser perfecta es su único camino hacia el éxito, sus extenuantes esfuerzos suelen volverse en su contra.

Tomemos el caso de Vera, una persona con un rendimiento muy alto en una compañía de seguros global con sede en el norte de Europa. Vera es una potencia intelectual, extraordinariamente trabajadora y magníficamente organizada. Habla cinco idiomas, es una excelente oradora y ha cosechado grandes éxitos tanto en operaciones como en finanzas. Todo esto la convertía en una candidata natural a directora general de su empresa, pero su perfeccionismo acabó minándola cuando la seleccionaron para el puesto.

Su vulnerabilidad salió a la luz cuando su empresa empezó a solicitar opiniones sobre sus tres mejores candidatos. Resultó que las personas con las que trabajaba, aunque respetaban su ética de trabajo y estaban generalmente asombradas por sus logros, a menudo la consideraban excesivamente controladora y sentenciosa.

Un colega cercano escribió: «Vera es una trabajadora increíble y no escatima en su dedicación. Pero tiende a pedir demasiado a la gente. Está tan preocupada por el fracaso que acaba micromanipulando a su equipo y llevándonos al agotamiento».

Otro informó: «Es imposible estar relajado con Vera porque siempre está nerviosa por si algo sale mal. El resultado es que sus reuniones parecen totalmente programadas. Nadie quiere lanzar una idea brillante que no haya sido examinada a fondo porque encontrará cinco maneras de que pueda acabar en desastre. Eso limita la creatividad en su división. La gente cumple sus objetivos de rendimiento, pero no se ve mucha innovación, aunque la gente de su unidad es excepcionalmente inteligente».

Además de alejar a los compañeros de trabajo, el perfeccionismo de Vera la ha hecho reacia a asumir riesgos. Sudar la gota gorda suele tener este efecto. Si tratas de ser perfecta, cada tarea o encuentro es una apuesta fuerte. Siempre estás pendiente de que algo salga mal, ya que hasta el más mínimo fallo tiene el poder de socavar tu imagen ideal.

Asumir riesgos requiere estar abierta al fracaso. Aunque el riesgo debe evaluarse cuidadosamente, el resultado nunca está asegurado ni está totalmente bajo tu control. El deseo de ser perfecta, por el contrario, te mantiene centrada en lo que puedes controlar. Esto reduce tus horizontes y demuestra inseguridad en lugar de la confianza en el futuro que requiere ser una líder eficaz.

Al final, la aversión al riesgo fue la principal razón por la que Vera fue descartada para el puesto de directora general. Tenía un talento extraordinario, pero en el más alto nivel ejecutivo, donde hay que tomar grandes decisiones sobre el futuro, es esencial asumir cierto grado de riesgo para que la organización evolucione y crezca. Un miembro de la junta directiva que participó en la búsqueda lo resumió así: «Vera es brillante a la hora de enfrentarse a situaciones en las que se pueden ver y conocer las dificultades potenciales. Pero lo que funcionó en el pasado no te ayuda a construir el futuro. Para ello, se necesita una sana capacidad de confianza, la voluntad de asumir riesgos considerados y una gran visión de lo que la organización podría llegar a ser».

EL PERFECCIONISTA SANO

Por supuesto, el deseo de obtener resultados excelentes es una gran ventaja, siempre y cuando se puedan frenar las tendencias perfeccionistas. Como ejemplo, la *coach* Julie Johnson señala a una de sus clientas, Dana, a la que describe como una perfeccionista sana. Dana ha pasado los últimos dieciocho años en el comité ejecutivo de una empresa de transporte internacional y su director general la considera la cabeza más fría de la sala.

Julie describe lo que diferencia a Dana de otros perfeccionistas. Dice: «Dana tiene un nivel de exigencia muy alto, pero ha aprendido a no ser controladora. Sabe que la gente es humana y comete errores. No se centra en la pequeña cosa que ha salido mal y juzga el conjunto basándose en ella. Se fija en los detalles, pero los considera en un contexto más amplio. Es perfeccionista por naturaleza, una persona detallista, pero tiene una perspectiva amplia y es muy tolerante con la gente. Trabaja muy duro, pero a menudo es la primera en relajarse cuando las cosas no salen como estaban previstas. Y tiene un gran sentido del humor, por lo que sabe manejar las críticas y tranquilizar a la gente. Todo se reduce a que es una persona segura de sí misma».

Julie señala que Dana tiene dos habilidades de las que carecen la mayoría de los perfeccionistas.

Es buena delegando y sabe priorizar.

Los perfeccionistas suelen tener dificultades para delegar. Si eres muy exigente, es lógico que te cueste dejar que otros hagan su trabajo. Y como supervisar los esfuerzos de los demás lleva mucho tiempo y a menudo es complicado, es posible que decidas que es más fácil y rápido hacer el trabajo tú misma.

El resultado es que acabas cargando con tareas adicionales en tu ya rebosante plato. Te involucras en llamadas telefónicas en las que no tienes necesidad de estar o corriges los borradores preliminares de los informes de los que se encarga otra persona. Si conviertes estas intervenciones en un hábito, tu equipo se acostumbrará a que se compruebe cada paso de su rendimiento, por lo que se volverá menos diligente en la preparación. Al fin y al cabo, ¿para qué van a esforzarse si tú vas a acabar interviniendo en cada etapa del proceso?

Al entrometerse, se les quita el incentivo para rendir, para aprender, para crecer y para mejorar. Así es como nacen los equipos disfuncionales.

Y si te cuesta delegar en el trabajo, puede que también te resulte difícil en casa. Tú asumes las responsabilidades de tus hijos cuando estos descuidan sus tareas o se «olvidan» de avisarte de los eventos extraescolares que requieren un transporte especial. Al igual que tus compañeros de trabajo, tus hijos esperan tu intervención y se acostumbran a la idea de que no tienen que asumir responsabilidades.

Si esto te describe, podrías plantearte si estás permitiendo que los que te rodean estén indefensos, que es lo que suelen hacer las personas que no delegan. Si este es tu patrón en el trabajo y en casa, puedes acabar expirando por el estrés o quedar atrapada en un martirio resentido.

La disposición a delegar es cada vez más importante a medida que se asciende a niveles superiores. Tienes que gestionar a más personas, de las cuales más tienen habilidades y conocimientos especializados. Si intentas hacer su trabajo por ellos, te comerán viva. Así que si tu respuesta es «es más fácil hacerlo yo misma», deberías considerar que estás socavando tu potencial como líder, así como asumiendo un montón de trabajo extra.

Una de las causas del fracaso a la hora de delegar suele ser la incapacidad de priorizar, de decidir qué es importante y qué no requiere tu atención. Si intentas ser perfecta, te costará establecer prioridades porque solo te sientes cómoda cuando todo está bien. Por eso, es posible que trates el hecho de llegar dos minutos tarde a una reunión con la misma seriedad que el hecho de no cumplir con la fecha de presentación de un informe financiero, ya que ambos socavan tu necesidad de demostrar perfección.

Si tienes tendencias perfeccionistas, puedes servir mejor a tus intereses a largo plazo si aprendes a delegar, priorizar y te sientes cómoda asumiendo riesgos medidos. Esto creará un entorno menos estresante —para ti y para los demás— y demostrará que estás preparada para avanzar. La buena noticia es que tú serás la principal beneficiaria si dejas de lado tu carga.

Pero solo si puedes aceptar no ser perfecta.

12

Hábito 8: La enfermedad de agradar

Intentar ser una persona perfecta es una trampa, dadas las limitaciones humanas. Pero intentar ser una persona maravillosa puede ser una trampa también. El deseo de ser maravillosa en todas las circunstancias —de ser atenta y amable y hacer que todos los que te rodean se sientan bien— se conoce entre los *coaches* como «la enfermedad de agradar». Se considera especialmente frecuente entre las mujeres.

Si eres una complaciente crónica, lo más probable es que lo sepas. Puede que incluso hables de ello, normalmente en tono de disculpa. Y probablemente seas consciente de cómo te frena. Tal vez digas que sí a tareas y trabajos que sabes que te consumirán el tiempo pero que te aportarán pocos beneficios. Tal vez pases horas compadeciéndote de personas que parecen disfrutar quejándose, y luego te preguntes qué haces para atraerlas. Tal vez te veas envuelta en compañeros que tienen la habilidad de crear dramas, y a los que los demás parecen evitar hábilmente. Te propones mantenerte alejada de ellos, pero acabas siendo absorbida por su órbita tóxica.

La enfermedad de complacer puede socavar tu capacidad de tomar decisiones claras porque siempre estás tratando de reducir la diferencia entre las necesidades que compiten con la esperanza de crear un consenso o evitar ofender. Esto puede perjudicar tu juicio y dejarte vulnerable a la manipulación por parte de personas que saben cómo utilizar la culpa para conseguir que los demás se adapten a sus necesidades. Puede privarte de la capacidad de actuar con autoridad por miedo a decepcionar a los demás o hacerles infelices, aunque sea temporalmente. Puede convertirte en una defensora o aliada poco fiable porque te dejas llevar fácilmente. Puede distraerte de tu propósito, malgastar tu tiempo y tus talentos, y contribuir a tu estancamiento general.

La enfermedad de agradar es cualquier cosa menos agradable y puede ser positivamente venenosa para tu carrera. Pero, ¿qué te hace ser así? ¿Y cómo se puede romper el hábito?

Al igual que los perfeccionistas, los complacientes crónicos suelen tener dificultades para delegar. Los perfeccionistas se resisten a ello porque creen que pueden hacerlo todo mejor, mientras que los complacientes están motivados por el deseo de ser útiles y por la reticencia a agobiar a los demás o a defraudar a cualquiera que haya confiado en ellos en el pasado.

Puede que seas consciente de todos estos inconvenientes y, sin embargo, te encuentres adicta a complacer porque el esfuerzo que haces por ser útil y poner a los demás en primer lugar te hace sentir una buena persona.

Ciertamente, hay hombres que se encuentran en estas situaciones sin salida. Pero los psicólogos y *coaches* te dirán que la enfermedad de agradar se da más típicamente en las mujeres.

¿Por qué?

La respuesta es probablemente una combinación de factores. Como ya se ha señalado, los estudios demuestran que las chicas tienen más probabilidades de ser recompensadas por ser obedientes, agradables, útiles a los demás y «simpáticas», tanto en casa como en la escuela. Además, las organizaciones suelen orientar a las mujeres principiantes y de nivel medio hacia «puestos de ayuda», en los que se las juzga por su capacidad para satisfacer las necesidades de los demás y se las penaliza por su autoafirmación. Además, como vimos en el capítulo anterior, incluso las mujeres en los niveles superiores tienden a ser más recompensadas cuando cumplen con las expectativas y actúan de forma que los demás consideran agradable, más que cuando actúan con valentía o afirman sus opiniones independientes.

Complacer también da a las mujeres la oportunidad de utilizar las fuerzas nutritivas e intuitivas que han desarrollado durante milenios de evolución y de las que dependen sus familias. Entre ellas se encuentran la sensibilidad a la interacción humana y el don de darse cuenta de cuándo los demás están molestos, preocupados, asustados o desconectados. Estas son habilidades que muchas mujeres perfeccionan a lo largo de su vida y que se ponen especialmente en práctica cuando se convierten en madres.

Obviamente, estas habilidades proporcionan muchas ventajas, no solo en casa sino también en el trabajo. La capacidad de leer las necesidades de los demás te da una ventaja a la hora de motivar, comprometerte y comunicarte con los clientes, los compañeros y los subordinados directos. Puede ser muy beneficioso para tu organización y tus clientes, sobre todo porque el compromiso lógico-emocional se convierte en un componente cada vez más crítico del éxito.

Sin embargo, cuando la necesidad de caer bien o de ser percibida como útil supera otras consideraciones, las habilidades que deberían proporcionar una ventaja pueden resultar perjudiciales. Y aunque la necesidad de agradar puede servirte en las primeras etapas de tu carrera, te impedirá avanzar a medida que vayas ascendiendo, erosionando tu capacidad de demostrar liderazgo y sirviendo como la herramienta definitiva para ceder tu poder.

EL ELEMENTO CLAVE

Nancy es administradora sénior en un centro médico regional de gran prestigio. Comenzó su carrera como recepcionista con solo dos años de estudios universitarios. Nadie en su familia había ido más allá de la escuela secundaria, y nunca se había imaginado a sí misma en la gestión. Pero es inteligente, eficiente, muy trabajadora y notablemente cálida y alegre. Poco después de empezar, los equipos médicos empezaron a confiar en ella para coordinarse con los pacientes.

Los pacientes la adoraban, y el centro pronto empezó a recibir notas sobre lo mucho que les había ayudado Nancy. Las valoraciones de la comunidad sobre el centro empezaron a aumentar. Entonces, un filántropo local hizo una sorprendente donación porque su madre había sido muy bien tratada por Nancy. Al cabo de dos años, el personal superior decidió que Nancy estaba perdiendo el tiempo con las tareas de recepción. Crearon un puesto de defensora del paciente para ella, y le indicaron un programa de matrícula gratuita en el que obtuvo un título de cuatro años en Administración Hospitalaria.

Nancy fue ascendiendo de forma constante. Se le pidió que pusiera en marcha una iniciativa de acercamiento a las familias de pacientes con enfermedades crónicas graves para que participaran en la gestión proactiva de los cuidados. Creó un programa de participación comunitaria muy visible que elevó el perfil regional del centro. Ayudó a desarrollar una formación de servicio al paciente para los profesionales médicos que recibió reconocimiento nacional. Cuando el centro médico fue adquirido por un grupo más grande, muchos de sus programas se consolidaron, pero las innovaciones de Nancy fueron adaptadas por el grupo, que las vio como una ventaja para recaudar fondos.

Durante veinte años, Nancy floreció. Un colega dijo: «Cualquier cosa que hiciéramos de cara al exterior, siempre era "traigamos a Nancy". Era la persona a la que acudíamos para involucrar a la gente de fuera». Hacia el final de la treintena, Nancy era jefa de asuntos externos de todo el grupo, y los servicios a los pacientes tenían una gran prioridad y estaban incluidos en su cometido.

Pero al llegar a esta cima, Nancy empezó a tener algunos baches.

En pocas palabras, estaba demasiado dispersa, en parte porque su nueva cartera de tareas era muy amplia, pero también porque seguía enfrascada en responsabilidades anteriores. Los pacientes y las familias con las que había trabajado antes seguían pidiéndole ayuda. Las enfermeras y los médicos a veces le pedían que interviniera cuando encontraban obstáculos.

Una enfermera gerente señaló: «Nancy siempre ha tenido ese toque mágico, una forma de calmar a las personas nerviosas y angustiadas. Al personal le resultaba más fácil traerla que tratar de resolver ellos mismos las situaciones difíciles. La veían como el elemento clave para cuando las cosas se ponían difíciles». Los grupos comunitarios también preferían tratar con Nancy en lugar de con las nuevas personas que ella había contratado para el trabajo. Se encontró con una agenda repleta de actos públicos.

Nancy dice: «Sentía que tenía cinco trabajos, y eso me estaba llevando a la ruina. Pero no veía una buena salida. Sabía que debía centrarme en el trabajo que tenía, pero había tantas personas que confiaban en mí que no me parecía bien defraudarlas. Conocía las historias y los problemas de los pacientes y sus familias. Conocía el dolor de la gente, tanto físico como mental. ¿Cómo podía decir que estaba demasiado ocupada para ayudar? ¿Cómo podía decirles que me había convertido en un pez gordo que no tenía tiempo para sus problemas? Confiaban en mí y me veían como una amiga».

Como Nancy se esforzaba por cumplir con tantas responsabilidades, su personal empezó a cuestionar su enfoque. Algunos se sentían marginados y consideraban que ella siempre se abalanzaba para hacer su trabajo. Y a pesar de sus esfuerzos, algunos pacientes de alto nivel que estaban acostumbrados a que ella estuviera allí para ellos sintieron que se estaba alejando y se resintieron. Sus intentos de complacer a todo el mundo estaban fracasando. Sentía que nada de lo que hacía era suficiente.

LA LLEGADA DE ILSA

Un miembro de la junta directiva que conocía a Nancy desde hacía más de una década recomendó que el grupo contratara a una *coach* que la ayudara a resolver sus problemas. Ilsa había trabajado con docenas de mujeres y enseguida vio el problema de Nancy: la necesidad de caer bien y ser vista como una persona cariñosa y generosa por casi todas las personas que conocía.

«Lo he visto muchas veces», dice Ilsa. «Complacer suele funcionar para las mujeres hasta que llegan a cierto nivel. Entonces, de repente, ya no funciona. Cuando estás a cargo de mucha gente, tienes que establecer expectativas. Si no lo haces, prácticamente estás entrenando a la gente que trabaja para ti para que dependa de ti».

Ilsa observó una serie de factores en el dilema de Nancy, todos ellos comunes entre los complacientes crónicos. El primero de ellos era el sentimiento de culpa generalizado de Nancy. Se sentía cohibida por ir más allá de las expectativas de su familia y temía que pensaran que se le habían subido los humos a la cabeza, una queja típica en su familia sobre cualquiera que tuviera éxito. En consecuencia, Nancy intentaba constantemente demostrar que no se creía mejor que nadie. Esto hacía que fuera casi imposible para ella decir que no.

«Nancy creía que, si dejaba de lado a las personas con las que había trabajado, sería vista como insensible y que solo se ocupaba de sí misma», dice Ilsa. «Ese tipo de juicio le resultaba intolerable, así que siguió intentando cumplir las expectativas de todos. El problema es que el aumento de sus responsabilidades no le dejaba tiempo ni margen para hacerlo. Pero en lugar de aceptarlo y arriesgarse a que la vieran como una persona de éxito y, por lo tanto, a los ojos de su familia, como una esnob, dejaba que se violaran sus límites continuamente».

Ilsa también señaló el excesivo miedo de Nancy a los cotilleos. «No soportaba la idea de que la gente pudiera hablar de ella de forma negativa. Sabía que el hospital era una fábrica de cotilleos. Muchos lugares de trabajo lo son, especialmente los que tienen estructuras jerárquicas rígidas, lo que sin duda describe el entorno hospitalario. Se habla de la gente, sobre todo de las personas que ocupan altos cargos y que han ascendido rápidamente».

Sin embargo, Nancy se imaginaba que podía permanecer inmune a los tijeretazos siendo la mejor amiga de todos. Muchos agradadores crónicos comparten esta ilusión. Según Ilsa, «ser querida era tan importante para Nancy que le resultaba difícil aceptar que no podía controlar lo que los demás decían de ella. Pero como administradora de alto nivel, no podía evitar suscitar cierto resentimiento. Es algo que viene con el territorio, no importa lo amable que intentes ser. Tienes que hacer las paces con eso si estás en una posición de liderazgo. Si no, estarás a disposición de todo el mundo».

Ilsa ayudó a Nancy señalando que solo había podido tener éxito porque otras personas estaban dispuestas a delegarle responsabilidades. Si no lo hubieran hecho, seguiría en el mostrador de recepción. Enmarcarlo de esta manera, y mostrar cómo la delegación puede ser un comportamiento nutritivo, ayudó a Nancy a reconocer que su constante intromisión era un perjuicio. Como líder de alto nivel en el sistema, tenía que dar a los demás la oportunidad de prosperar y crecer, de abrirse camino y aprender de sus propios errores.

Ilsa pidió a Nancy que creara una lista con todas las tareas que realizaba durante una semana. Luego le pidió que marcara solo las tareas que estuvieran dentro de la descripción de su trabajo, y que lo utilizara como estímulo para establecer límites más claros para sí misma. A Nancy le costó disciplina decir que no a las personas que habían confiado en ella para hacer tareas que no estaban marcadas en su lista, pero a medida que los simples cambios en su comportamiento empezaban a mejorar sus resultados, a Nancy le resultaba más fácil oponerse. También adquirió una mayor perspectiva sobre su necesidad de complacer.

Nancy siempre se había considerado una persona naturalmente servicial, y lo era. Pero ahora también veía que su hábito de asumir demasiadas cosas tenía su origen en su necesidad de sentirse indispensable. Como dice Ilsa, «Nancy tuvo que enfrentarse al hecho de que su excesiva implicación tenía el efecto de hacer que todo girara en torno a ella. Esto suele ser chocante para los complacientes porque no encaja con la narrativa de "soy tan buena persona" que llevan en la cabeza».

EL COMPLACIENTE EN CASA

A medida que Nancy practicaba un mayor desapego, empezó a darse cuenta de que su compulsión por complacer también le estaba complicando la vida en casa. Al igual que se había perjudicado a sí misma al ser demasiado receptiva en el trabajo, también se agotaba tratando de asegurarse de que sus hijos sintieran que era la madre más maravillosa del mundo en todas las ocasiones posibles.

También en este caso, la culpa guiaba en parte su comportamiento. Como su trabajo era exigente, sentía que tenía que marcar todas las casillas cuando se trataba de sus hijos. Incluso cuando su hijo le decía: «No pasa nada, mamá, no hace falta que estés allí», temía que más tarde se resintiera por haber faltado incluso a un entrenamiento de fútbol cualquiera. Así que su enfoque básico era decir que sí a todo y luego sentirse mal si el trabajo intervenía y no podía cumplir una promesa.

Muchas de las madres de la escuela de sus hijos no trabajan. Nancy dice: «Son como supermadres, que organizan estas increíbles fiestas de cumpleaños con golosinas y decoraciones caseras que ellas mismas preparan. Una de mis vecinas se pasó un mes haciendo estos magníficos trajes de dragón de fantasía para sus hijos en Halloween. Me sentí fracasada cuando mi hija apareció con una sábana de fantasma comprada en la tienda».

Aunque a Nancy nunca le había molestado el enfoque discreto de su propia madre con respecto a las festividades, temía que sus propios hijos sufrieran si ella no seguía el ritmo de las expectativas del vecindario. Y no quería que su familia —o, para ser sinceros, las otras madres del colegio— pensaran que era una persona presuntuosa con cosas más importantes que hacer.

La socióloga Juliet Schor señala que la cultura contemporánea ha desarrollado lo que ella llama «el estilo de crianza más intensivo que el mundo haya visto jamás», un nivel de implicación en la vida de los niños sin precedentes. Lo que resulta desconcertante e irónico es que esto haya ocurrido precisamente en el mismo momento en que las mujeres han entrado en el mundo laboral en un número significativo y han empezado a alcanzar altos cargos.

En generaciones anteriores, en las que había muchas menos mujeres empleadas, rara vez se esperaba que los padres acudieran a las prácticas deportivas de sus hijos o los llevaran a una apretada agenda de actividades extraescolares. Los niños iban en bicicleta por el barrio o jugaban en el bosque o en el sótano. Las fiestas de cumpleaños se centraban sobre todo en el helado y la tarta. Schor señala el profundo conflicto que este cambio supone para las mujeres, cuyo sentimiento de culpabilidad por trabajar puede hacer que sean reacias a oponerse a las expectativas que se dan cuenta de que son exageradas.

Las redes sociales no hacen más que intensificar la presión, ya que documentar los acontecimientos se convierte en algo tan importante como los propios acontecimientos. Como señala una madre escéptica: «Alguien publica fotos de la fiesta de su hijo en Facebook. Digamos que la fiesta es de temática circense. La tarta tiene la forma de un vagón de circo y todos los niños llevan disfraces de circo. Puede que se comparta mucho. De repente, las otras madres sienten que tienen que inventar algo adorable y original».

¿El resultado? «Todo el mundo sigue subiendo las cosas, y las madres trabajadoras se sienten fracasadas porque no pueden seguir el ritmo o acaban gastando cantidades insanas de dinero en la fiesta de un niño de seis años. En un momento dado, los niños pasan a ser casi secundarios: todo gira en torno a las fotos. Ciertamente, a los maridos les importa un bledo. A veces quiero gritarles a todos: ¿podemos por favor acordar parar?».

La única manera de salir de este bucle acelerado es tener claras tus prioridades y tener la confianza para mantenerte firme y oponerte a las expectativas que tienen poco que ver con lo que realmente te importa a ti o, en muchos casos, a tus hijos. De lo contrario, las exigencias, al ser interminables, te consumirán.

Nancy dice: «Una vez que me sentí cómoda aceptando que mi propósito principal en la vida no era complacer a los demás, me di cuenta de que tenía que dedicar tiempo a lo que era importante para mí y mi familia, en contraposición a lo que otras personas parecían valorar. Por ejemplo, siempre me han disgustado las manualidades, así que no tiene sentido dedicar tiempo a eso porque es lo que se supone que hace una gran madre o porque Instagram está lleno de fotos bonitas de madres y sus hijas haciendo coronas».

Nancy empezó a tener conversaciones más sinceras en casa. Dice: «Tenía que ser realista y dar a mi familia una idea de mis horarios y compromisos. Si no podía hacer algo, todos debían saberlo. Ser honesta, tratar a mi familia como compañeros, supuso una gran diferencia en nuestra forma de comunicarnos. Ahora estamos mucho más relajados juntos».

Los *coaches* que trabajan con mujeres informan que la enfermedad de agradar es cada vez más problemática porque las expectativas están constantemente en aumento. Este es el elefante en la sala en muchas conferencias de mujeres a las que asistimos, donde los programas sobre «lograr el equilibrio» se han convertido en una parte estándar del repertorio.

Por un lado, se insta a las mujeres a «ir a por todo» y a aspirar al liderazgo al más alto nivel. Por otro, se les advierte de las consecuencias de faltar a prácticamente cualquier actividad que implique a sus hijos. El hecho de que el equilibrio se describa ahora más a menudo como «integración de la vida laboral y personal» no cambia el mensaje básico, que es que las mujeres no solo pueden «tenerlo todo», sino que son fatalmente defectuosas si no lo hacen.

Para mantener la serenidad en este entorno tan acelerado, tienes que pensar largo y tendido sobre tus prioridades. No se trata de lo que complacería a los demás, ni de lo que haría que todos pensaran que eres la persona más maravillosa con la que han trabajado o conocido, sino de lo que en el fondo quieres ser y lograr en tu vida. Teniendo en cuenta todas las distracciones y presiones a las que te enfrentas, y la multiplicidad de caminos que te llevan a sentirte culpable, es más esencial que nunca encontrar una forma de oponerse a la enfermedad de agradar.

13

Hábito 9: Minimizar

Hace unos años, Sally asistió a la reunión de una organización nacional de mujeres que celebraba su conferencia anual en Nueva Orleans. Después de pronunciar el discurso de apertura del gran evento, se le pidió que se sentara con la junta directiva para ofrecer algunas ideas sobre el nuevo plan estratégico del grupo.

La reunión tuvo lugar en una sala de conferencias con paredes de cristal en un hotel del centro de la ciudad. La junta era numerosa; se esperaban más de treinta personas. La mayoría ocupaba puestos de alto nivel en empresas, universidades u organizaciones sin ánimo de lucro. Alrededor de un tercio de los miembros del consejo eran hombres.

La sala era estrecha, por lo que los asientos estaban abarrotados y desordenados. Los retrasos de los vuelos causados por las tormentas hicieron que un buen número de personas llegaran tarde. Pero mientras Sally intentaba concentrarse en los detalles del plan que se estaba presentando, le llamó la atención sobre todo el contraste entre la forma en que los miembros masculinos y femeninos de la junta directiva respondían a las llegadas tardías.

Prácticamente todas las mujeres reconocieron a los recién llegados indicándoles que había espacio suficiente para que se pusieran cómodos. Señalaban los asientos vacíos, apartaban sus sillas para crear más espacio, o encontraban nuevos asientos para ellas en la periferia de la sala. También se empequeñecían físicamente, juntando las piernas, apoyando los brazos en los costados, metiendo los bolsos debajo de la mesa, e incluso colocando los cuadernos de notas más directamente delante de ellas.

Los hombres reaccionaron de forma diferente. Asentían con la cabeza notando lo que sucedía —o no—, pero no intentaban ocupar menos espacio. Los que estaban separados o tenían un brazo sobre una silla vacía permanecieron en su posición. Los que tenían sus pertenencias dispersas no las movieron. Se quedaron como estaban, confiando en que los recién llegados, todos ellos adultos consumados, se las arreglarían para sentarse.

Fascinada por esta dinámica, Sally empezó a fijarse en el lenguaje corporal en otras situaciones y lo encontró similar a lo que había visto en Nueva Orleans. En general, las mujeres reconocían a los demás minimizando el espacio que ocupaban, incluso si les causaba molestias. Los hombres no lo hacían.

Ahora bien, es fácil interpretar los gestos de las mujeres como acogedores, inclusivos, generosos, una medida de cuán en sintonía están con otras personas y sus necesidades. Y de hecho, todo esto es cierto. Y ciertamente no hay nada admirable en que los hombres se desparramen por todo el lugar, ocupando múltiples sillas y esparciendo sus pertenencias. No tener en cuenta las necesidades y la comodidad física de los demás no es un comportamiento que quieras adoptar si quieres pasar al siguiente nivel. Pero intentar encogerse tampoco es una buena idea.

PEQUEÑA

Si tienes la costumbre de reconocer la existencia de los demás tratando de empequeñecerte o de tomar asiento al fondo de la sala, quizá quieras considerar hasta qué punto te sirve esta respuesta. Como confirman las investigaciones realizadas por científicos sociales y neurocientíficos —y muchos de nosotros lo sabemos por experiencia— cuando uno recoge los brazos y las piernas, tensa el cuerpo, se agacha o se aparta, socava su capacidad de proyectar autoridad y poder.

No solo los demás te perciben como pequeña, sino que tú misma empiezas a sentirte así. Esto se debe a que tus intentos físicos de encogerte envían un mensaje a tu cerebro de que realmente no deberías ocupar tu espacio, ya sea física o metafóricamente. *No eres lo suficientemente grande, así que no perteneces. Otros se lo merecen más que tú.* Así es como tu cerebro interpreta tus acciones.

No es de extrañar que tu cuerpo envíe esa señal, ya que empequeñecerse es un comportamiento clásico de sumisión. Seguramente habrás observado a tu perro bajar los ojos y bajar la cola cuando se acerca un perro más dominante. O has visto a tu gato echar las orejas hacia atrás y aplanar su pelaje cuando se desliza junto al perro. El mensaje que envían tus mascotas es claro: *soy muy pequeño. No represento ninguna amenaza. No me hagas caso. Deja que me aparte de tu camino.*

Por muy involuntario o bien intencionado que sea —por ejemplo, el deseo de dar la bienvenida a un recién llegado— cuando intentas empequeñecerte, envías un mensaje de sumisión a todos los presentes. Esto sucede sin que lo quieras hacer conscientemente. Ocurre simplemente porque eres un mamífero.

Ser un mamífero humano, por supuesto, significa que también tienes la capacidad de utilizar el habla para minimizar tu presencia. Este es otro hábito que sirve para disminuir tu poder. Afortunadamente, en los últimos años se ha prestado suficiente atención a la práctica femenina de pedir disculpas de forma rutinaria, de modo que puede que ya estés alerta para evitarlo. Cuando oyes que «lo siento» sale de tus labios con demasiada facilidad, o cuando utilizas una frase sin sentido para iniciar una conversación («Lo siento, tengo que preguntar...»), puede que hayas aprendido a detenerte y autocorregirte.

Sin embargo, persisten otros minimizadores del lenguaje, como el uso constante de la palabra *solo*. Como en: «Solo necesito un minuto de tu tiempo». «Solo quiero decir algo». «Solo tengo una observación». La palabra *únicamente* puede servir para el mismo propósito. Otros minimizadores son *poco, diminuto, pequeño* y *rápido*, que se utilizan para sugerir que no vas a ocupar el valioso tiempo de la otra persona con algo que, sin embargo, crees que es lo suficientemente importante como para mencionarlo: «Solo tengo una pequeña sugerencia». O bien, «Si pudiera hacer un punto muy pequeño».

Aún más atroces, pero desgraciadamente comunes, son los descartes y renuncias verbales. «Quizá esto no sea importante». «Puede que ya hayas pensado en esto». «Esto puede no venir al caso». Estos tics verbales suelen emplearse al principio de una declaración, donde se calcula que hacen más daño. El hábito milenario de terminar rutinariamente cada frase con una nota ascendente, que tiene el efecto de hacer que cada declaración suene como una pregunta, transmite una incertidumbre que minimiza y rebaja, al tiempo que parece diseñada para invitar a la contradicción.

Además de decir implícitamente: «Por favor, no me hagas caso», los minimizadores transmiten incertidumbre. Son una herramienta más que puedes utilizar para socavar tu poder. Un estudio realizado en la Harvard Business School, *Who Gets Heard and Why*, descubrió que las mujeres son más propensas que los hombres a restarle importancia a su certeza cuando hablan, poniendo reparos a sus afirmaciones y reconociendo proactivamente que los demás pueden tener puntos de vista diferentes.

No es de extrañar que muchas mujeres hayan adoptado estos hábitos, ya que la certeza suele interpretarse como arrogancia, y las mujeres tienden a temer ser etiquetadas como arrogantes. Hay una buena razón para ello, por supuesto, ya que las mujeres que son percibidas como arrogantes tienden a ser vistas en términos muy negativos, mientras que la arrogancia en los hombres se interpreta a menudo como confianza y audacia.

Sin embargo, como confirma el estudio de Harvard, transmitir inseguridad es una buena manera de asegurarte de que no se te escuche. Las personas en posiciones de poder tienden a interpretar la incertidumbre como una falta de compromiso o preparación. Dado que el dilema no tiene vuelta atrás —se te considera arrogante o falta de compromiso— suele ser una buena práctica decir lo que quieres.

SUAVE

Minimizar los comportamientos y las formas de hablar es especialmente difícil para las mujeres que se han criado en culturas que valoran mucho el pudor y la autoexigencia femeninas. Aiko, una ingeniera con la que Marshall trabajó en Japón, aprendió de niña que las mujeres debían ser tímidas, vacilantes y muy silenciosas, manteniendo la voz baja e incluso caminando con el mínimo sonido. Hablar y ser directa se consideraba tosco, grosero y «ruidoso», prueba de una mala educación que se reflejaba en toda la familia de la mujer. Cuando se mantenía firme o intentaba hablar con autoridad, Aiko sentía que estaba deshonrando a sus seres queridos.

La humildad, la deferencia y la minimización son, de hecho, rasgos distintivos del «lenguaje femenino» que hasta hace poco se esperaba que las mujeres bien educadas de Japón utilizaran durante toda su vida. Se trata de un legado que puede estorbar cuando las mujeres de esta cultura intentan ascender a niveles superiores, donde se espera que hablen de igual a igual con los hombres poderosos.

Abandonar los hábitos de deferencia también puede ser difícil para las mujeres procedentes de culturas en las que se les ha enseñado a evitar el contacto visual con los hombres, a abstenerse de estrechar la mano y a hablar solo cuando se les dirija directamente la palabra. Estas expectativas y tradiciones dificultan que las mujeres se sientan cómodas en entornos mixtos, lo que puede impedirles alcanzar su pleno potencial.

Muchas culturas también ven la indirecta como un comportamiento educado para las mujeres. Incluso las culturas que se enorgullecen de ser directas suelen animar sutilmente a las mujeres a disminuir su impacto presentando una idea de forma oblicua. Esto puede adoptar la forma de preceder una afirmación con una explicación innecesaria: «Primero, déjame decirte cómo se me ocurrió esta idea». Como se verá en el siguiente capítulo, este tipo de coberturas preliminares suelen considerarse un exceso de información. Por ello, suele ser más eficaz ser directo.

NOSOTROS

Como se indica en el capítulo cinco, si te cuesta reivindicar tus logros, es posible que utilices habitualmente «nosotros» en lugar de «yo». Esto puede ser apropiado a veces, pero a menudo solo sirve para minimizar lo que tú aportas.

Además de restar importancia a tus logros, hablar habitualmente con la voz de «nosotros» puede sembrar la confusión sobre tu papel en un esfuerzo concreto. ¿Lo has dirigido tú? ¿Fuiste esencial para el resultado? ¿O fue otro el héroe? ¿Qué quiere decir exactamente «nosotros»?

El psicólogo James Pennebaker, escribiendo en el *Harvard Business Review,* señala que un estudio transcultural sobre el uso de pronombres revela que las mujeres utilizan más la palabra «yo» que los hombres. Esto no es sorprendente, ya que las mujeres tienden a hablar más, a utilizar más palabras cuando hablan (véase el capítulo siguiente) y a hablar más libremente de sus sentimientos íntimos. De hecho, Pennebaker atribuye el uso del «yo» por parte de las mujeres a su sintonía con su estado interior y a su compromiso con la conversación personal, a diferencia de los hombres, que suelen hablar más de objetos y acontecimientos. Pero esto es válido para la comunicación en general, y no en el lugar de trabajo. En situaciones profesionales, las mujeres que se sienten cómodas con la autodivulgación suelen recurrir al «nosotros» cuando hablan de su propio éxito, como hizo Amy, la líder de una organización sin ánimo de lucro, en el capítulo cinco.

No es difícil adivinar por qué, ya que hablar de tus logros es un comportamiento inherentemente asertivo y las mujeres a menudo son penalizadas por parecer asertivas. Como han demostrado Sheryl Sandberg y Adam Grant, que escriben en el *New York Times,* las mujeres que hablan con asertividad tienen muchas más probabilidades que los hombres de ser consideradas negativamente en el trabajo, lo que puede confirmar tu propia experiencia. Sin embargo, como Sandberg y Grant también descubrieron, las mujeres que no se reafirman también tienden a ser vistas en términos negativos. El verdadero problema, concluyen, «parece ser hablar siendo mujer».

Una forma de evitar este doble obstáculo a la hora de hablar de tus logros es reconocer a tu equipo o a tus compañeros de trabajo el mérito de un éxito conjunto y, al mismo tiempo, explicar cómo has apoyado o reforzado los esfuerzos del equipo. Esto tiene el efecto de convertir una situación en la que solo puedes perder en una victoria para ti y una victoria para tus compañeros. Hacer esto puede hacer felices a todos.

Y sobre todo si hablas con un líder masculino seguro de sí mismo que no tiene problema en atribuirse el mérito, utilizar constantemente el «nosotros» puede sugerirle que no has tenido nada que ver con el esfuerzo exitoso. Así que, si tienes que elegir entre parecer egocéntrica o restarle importancia a los logros que tanto te ha costado conseguir, probablemente sea mejor que utilices directamente el «yo».

OCUPA TU ESPACIO

Cada vez que utilizas palabras o acciones que minimizan tu presencia o contribución, demuestras inseguridad sobre tu derecho a ocupar el espacio, a utilizarlo y a habitarlo plenamente. Los demás tienden a interpretar esta vacilación como una falta de presencia real e incapacidad de proyectar una presencia fuerte y comprometida.

Durante décadas, se ha preguntado a Sally qué pueden hacer las mujeres para conseguir una presencia de liderazgo más poderosa. Las preguntas tienden a centrarse en la cosmética: la ropa adecuada, un apretón de manos firme, un tono de voz confiado, si una mujer debe llevar bolso, incluso si la cirugía plástica puede ser útil.

Sin embargo, décadas de contacto con un amplio abanico de líderes extraordinarias nos han mostrado a ambos que el componente clave de la presencia del liderazgo es lo contrario de la cosmética: reside en la capacidad de estar plenamente presente. Presente para una tarea, para una conversación, para el momento, para una oportunidad. Presente para tu propósito más amplio en el mundo.

Resulta que hay una razón para que las palabras *presencia* y *presente* estén relacionadas.

El entorno laboral actual, saturado de tecnología y de alta intensidad constante, hace que sea difícil para cualquiera estar presente, pero las mujeres se enfrentan a retos especiales. Las múltiples responsabilidades pueden dispersar tu atención. Tanto el hogar como el trabajo exigen habilidades profesionales, lo que puede hacer que cada día se sienta como un maratón que necesitas completar. Y la capacidad de las mujeres para darse cuenta de todo —el radar que se describirá en el capítulo dieciséis— es una gran fortaleza potencial que, sin embargo, tiene un inconveniente: puede dificultar la concentración.

Sin embargo, aunque la capacidad de estar presente sea cada vez más desafiante, los beneficios de hacerlo aumentan. Esto es más cierto a medida que se avanza hacia un nivel superior.

Por ejemplo, estar presente es la forma más poderosa de conectar con otras culturas, lo que lo hace valioso para los líderes en un entorno global diverso. Las personas de culturas muy diferentes pueden notar inmediatamente si tú estás totalmente disponible para ellos, porque tu lenguaje corporal siempre se lo hace saber. Piensa en ello. No puedes calmar a un niño pequeño si estás mirando el móvil. No puedes entrenar a un perro o a un caballo si estás preocupada por lo que ha dicho tu jefe esta mañana. Y si un niño de tres años y un miembro de una especie diferente pueden saber si estás comprometida, un compañero adulto de un entorno cultural diferente seguramente también.

Además, la empatía, que se reconoce cada vez más como una habilidad de liderazgo esencial, depende de tu capacidad para estar presente para otra persona. Las investigaciones demuestran que se siente empatía cuando se atiende a otra persona tan intensamente que tus vías neuronales empiezan a reflejar las de la otra. El comportamiento empático depende, por tanto, de tu capacidad para estar plenamente presente. Cuando estás distraída, no puedes sentir ni proyectar empatía.

Una nueva investigación citada por Susan David en su reciente libro *Emotional Agility* demuestra otro beneficio de la presencia para las mujeres. Señala que, aunque las mujeres a menudo luchan por ser escuchadas, de hecho reciben tanta atención como los hombres cuando hablan en público si (y solo si) se las percibe como plenamente presentes. Estar presente también tiene el efecto de hacer que las mujeres parezcan más creíbles y autoritarias. Este poderoso hallazgo se suma a la evidencia de que la capacidad de estar presente en el momento y mantener tu espacio es vital para las mujeres que buscan proyectar presencia de liderazgo.

La capacidad de estar presente requiere liberar tu atención para que puedas estar donde estás. Y debido a los desafíos especiales, así como a los beneficios específicos descritos anteriormente, la capacidad de hacerlo puede ser especialmente valiosa para las mujeres.

Entonces, ¿qué puedes hacer para liberar tu atención y poder estar plenamente presente? Puedes empezar por oponerte a la multitarea compulsiva, una práctica de la que las mujeres parecen sentirse perversamente orgullosas. Renunciar a ella por completo es poco práctico, pero es importante darte cuenta de que, aunque la multitarea parece eficiente, siempre tiene un coste. El hecho es que hacer dos cosas a la vez hace que sea imposible estar presente en ninguna de ellas, porque la atención está fragmentada por definición. Y la atención fragmentada es un minimizador muy eficaz.

La multitarea es también el camino más rápido hacia el agotamiento mental, cuyo verdadero origen no es estar ocupado, sino la tensión que se ejerce sobre el cerebro cuando se hacen dos cosas a la vez. Por el contrario, las investigaciones sobre la meditación y otras prácticas de atención plena demuestran que la forma más poderosa de reenergizarse y refrescarse es centrar la atención en una sola cosa en lugar de permitir que rebote por todas partes.

La multitarea también te empequeñece al dar la impresión de que estás demasiado pendiente de los acontecimientos aleatorios. Si ves a alguien mirando constantemente su teléfono en una reunión, no piensas: «Vaya, debe ser importante». Y, desde luego, no piensas: «Qué presencia tan fuerte desprende». Por el contrario, es probable que concluyas que no controla su tiempo ni su agenda y que, por lo tanto, es incapaz de asistir a lo que realmente está sucediendo. Al demostrar la fragmentación de su atención, minimiza tanto su importancia como su presencia.

La buena noticia es que permitir que tu atención se fragmente no es un defecto de carácter. Es solo un hábito, como el de minimizar, cubrir, suavizar, encoger y ceder espacio. Estos comportamientos no necesariamente traicionan inseguridades profundas. Son solo formas de responder a las que te has acostumbrado a lo largo de los años, reflejos que quizá ya hayas superado. Puede que te hayan ayudado en algún momento, pero te socavarán cuando llegues más alto al imposibilitarte manifestar —o disfrutar— la serenidad y el poder.

14

Hábito 10: Demasiado

Como mujer, es posible que te hayas visto obligada a moderar tu registro emocional cuando te encuentras en situaciones profesionales, especialmente cuando estás rodeada de hombres con un alto rendimiento. Es posible que lo hagas en un esfuerzo por adaptar tu estado de ánimo a la cultura de liderazgo y al lugar de trabajo. O porque has recibido comentarios de que eres demasiado exagerada o demasiado intensa.

Las mujeres escuchan con frecuencia estos comentarios, pero saber cómo abordarlos puede resultar confuso. Por un lado, el hecho de que te tachen de «demasiado» tiene un coste muy alto, sobre todo a medida que vas ascendiendo. Se te puede considerar poco profesional o poco fiable cuando no eres ninguna de estas cosas. Puede que te llamen la atención por no «encajar bien en la organización».

Por otro lado, tener que reprimir constantemente tus respuestas naturales puede hacer que te sientas incómoda, poco auténtica y rígida, lo que te resta el entusiasmo que necesitas para rendir al máximo nivel. La autovigilancia excesiva puede deprimir tu energía e inhibir tu capacidad de dar lo mejor de ti misma. Puedes acabar con la espontaneidad y reducir tu capacidad de impacto.

Reprimir rutinariamente tus sentimientos también puede disminuir tu capacidad de inspirar confianza. Tus compañeros de trabajo pueden interpretar tu reticencia a responder desde el corazón como una prueba de que estás ocultando algo. Puede que se pregunten qué pasa contigo, por qué no puedes ser real. Lo más probable es que no sepan cómo las críticas que has recibido en el pasado te hacen dudar de ser directa.

La división entre «demasiado» y «no suficiente» es otro de esos dobles obstáculos que a menudo acosan a las mujeres y que se vuelven más problemáticos a medida que se avanza hacia un nivel superior. El dolor que supone enfrentarse a este dilema, y la dificultad de encontrar el punto óptimo entre dejarlo todo y mantenerlo todo bajo control, añade una carga adicional que puede hacer que sientas como si no pertenecieras.

Si trabajas en un entorno mayoritariamente masculino, los efectos negativos de expresar tus sentimientos pueden verse agravados por la dificultad que suelen tener los hombres para responder a las mujeres. A algunos hombres les molesta la capacidad de las mujeres para ser vulnerables. Han tenido que reprimir las muestras de dolor y miedo durante toda su vida, así que ¿por qué deberían las mujeres poder mostrar sus sentimientos? Les parece injusto, una forma de privilegio femenino. Otros hombres se sienten manipulados por cualquier expresión de emoción femenina fuerte porque creen que tienen que «hacer algo» para apaciguarla o contenerla. Si no saben qué hacer, pueden sentirse resentidos. El resultado es que todo el asunto de la expresión emocional puede ser un campo minado para las mujeres.

La gama emocional de las mujeres no se limita, por supuesto, a expresar su vulnerabilidad. También es posible que te digan que eres «demasiado entusiasta» porque recibes nuevas ideas y sugerencias con un apoyo inmediato y sincero. En muchos casos, la raíz de esta respuesta es un simple deseo de apoyar y animar a los demás. Pero en una cultura cerrada, se malinterpreta.

Hemos visto a las mujeres tener problemas en ambos lados del espectro demasiado/no suficiente. Pero también hemos visto a mujeres resolver el conflicto a su favor. Reconociendo que el éxito en cualquier empresa requiere disciplina, encuentran la forma de hacer que sus reacciones inmediatas sean plenamente conscientes y luego responden con una pasión templada por la experiencia y la intención. A medida que esta forma de responder se convierte en un hábito, adquiere una fuerza emocional que brinda una integridad que deriva de la intensidad del esfuerzo.

Los culpables habituales del «demasiado» para las mujeres son demasiada emoción, demasiadas palabras y demasiada revelación. Y aunque el camino para abordar estas críticas es similar, cada una de ellas requiere diferentes especificidades.

DEMASIADA EMOCIÓN

En su trabajo con clientes masculinos, Marshall descubre que la ira es la emoción que más se interpone en su camino. Como señala en su libro *Un nuevo impulso,* los hombres de éxito que arremeten con ira suelen justificar que lo hacen como una «herramienta de gestión útil». Imaginan que es una forma eficaz de motivar a los empleados perezosos y de enviar un mensaje contundente sobre la importancia de lo que está en juego. Sin embargo, el uso rutinario de la ira tiene en realidad el efecto contrario, haciendo que la gente se apague, se desconecte y pierda la motivación.

Por supuesto, tanto las mujeres como los hombres reaccionan con ira en el trabajo. Pero, según nuestra experiencia, las mujeres son más propensas a mostrar emociones fuertes en forma de ansiedad, resentimiento, frustración o miedo. Y la expresión de estas sensaciones dolorosas es la principal razón por la que muchas mujeres son etiquetadas como volátiles o «demasiado emocionales».

Los hombres, por supuesto, también experimentan estas emociones. Pero usualmente han crecido acostumbrados a enterrarlas, o a canalizar el miedo y la ansiedad en la agresión. El mensaje de que la ira es la única forma aceptable de que los hombres muestren sus emociones se transmite desde la primera infancia y se refuerza en los deportes de equipo, en los que la ira puede verse como un signo de impulso competitivo.

Los padres y los profesores (así como los *coaches*) tienden a dar más libertad a las chicas para que muestren su dolor, su miedo y su frustración, o para que dejen ver su vulnerabilidad. No es de extrañar, pues, que las mujeres se sientan más cómodas a la hora de expresar estas emociones. Pero dado que el modelo de liderazgo en la mayoría de las organizaciones se ha establecido a imagen y semejanza de los hombres, estas emociones encuentran poca aceptación, aunque suelen ser menos destructivas que la ira.

Seamos claros. Lo que sientes no es el problema. No existe una emoción buena o mala. Tus emociones tienen un enorme valor. Proporcionan información útil sobre la situación en la que te encuentras, pistas vitales que no deberías ignorar. Las emociones son el manantial de tu intuición y la fuente principal de tu energía y pasión. Te sacan de la cama por la mañana y te mantienen comprometida cuando las cosas se ponen difíciles.

Por eso es de vital importancia reconocer lo que sientes en cada momento, identificar y aceptar las emociones que suscitan las circunstancias. Sin embargo, hablar en medio de una emoción fuerte suele ser una mala práctica. Tu percepción sobre quién tiene la culpa puede estar distorsionada. Es posible que exageres tu caso. Puede parecer que eres susceptible o que estás fuera de control. Y lo más seguro es que no puedas calibrar tu respuesta de forma que tenga el máximo impacto.

Recapitulando: sentir e identificar tu emoción te da poder. Reaccionar ante lo que sientes lo desperdicia.

Rosa, originaria de Colombia, es una ejecutiva de una empresa de construcción con proyectos en toda la cuenca del Amazonas. También es cliente de una de nuestros colegas de *coaching*. Es raro encontrar a una mujer en su posición en su parte del mundo y en su sector, pero Rosa atribuye buena parte de su éxito a su capacidad para controlar sus fuertes emociones y hacerlas trabajar a su favor.

Aprender a hacerlo no fue fácil. Al principio de su carrera, Rosa fue a menudo estereotipada como una latina volcánica; no ayudó que se pareciera a Sofía Vergara. Pero el hecho de que la llamaran «demasiado emocional» en demasiadas ocasiones hizo que Rosa se decidiera a encontrar la manera de templar y utilizar su emoción en lugar de dejar que se interpusiera en su camino.

Describe una situación típica. «Hace poco estuve en una reunión en São Paulo. Acabábamos de reunirnos con algunos socios inversores y las cosas no habían ido bien. Nuestro equipo ejecutivo se desahogaba sobre lo que había oído y dudaba de la buena fe de nuestros socios. Pero la principal emoción que escuché de ellos fue la desesperación. Como que, *pase lo que pase, tenemos que hacer que esto funcione*».

Como única mujer en la sala, Rosa sabía que no podía permitirse el lujo de ponerse nerviosa. Así que hizo lo que siempre intenta hacer. «Esperé pacientemente, escuché lo que decían todos y traté de aprovechar lo que sentía. Me di cuenta de que mi emoción dominante era el miedo. Y que aunque una parte de mí quería seguir adelante con el acuerdo, en el que llevábamos trabajando más de un año, sabía en mi corazón que sería un error».

Cuando tuvo claro lo que sentía y percibió una pausa en la conversación, Rosa habló, manteniendo la voz firme y baja. Aquí está su relato de lo que dijo:

«Me siento obligada a ser muy honesta con ustedes como colegas. Me siento incómoda con la dirección que está tomando este proyecto e intuyo que muchos de ustedes también se sienten así. Todos ustedes saben que tengo un buen prontuario de tener razón cuando escucho a mi instinto, y lo estoy haciendo ahora. Este acuerdo sigue pareciendo estupendo sobre el papel, así que entiendo su atractivo. Pero me temo que no hemos pensado en las implicaciones de asociarnos con esta empresa. Creo que nuestra asociación con ellos podría empañar nuestra reputación y provocar un escrutinio público que podría perjudicarnos durante años. Así que recomiendo que vayamos más despacio y que investiguemos más. Estoy encantada de trabajar con cualquiera que quiera unirse a mí en este esfuerzo. Sé que esto no es lo que quieren oír, pero tengo que hacer honor a mi fuerte sentido de lo que debe ser nuestro próximo paso».

La forma de responder de Rosa fue poderosa: segura, mesurada y auténtica, explícitamente enraizada en la emoción, pero expresada en términos que apelan a la lógica y al sentido común. No reprimió el miedo que sentía, sino que adoptó un tono modulado, más que temeroso, que dio permiso a sus colegas para tomar un respiro y bajarse del tren de las emociones.

La oferta de Rosa de trabajar con algunos de los hombres presentes para obtener más información también fue muy intencionada. Así se aseguraba de tener aliados en caso de que sus hallazgos confirmaran que su empresa debía abandonar el proyecto. Esto la sacó del rol de la solitaria Cassandra de la mitología griega, que advertía de un posible desastre, un papel ingrato que suelen asumir las mujeres que están en contacto con sus respuestas intuitivas.

Es importante observar la autenticidad de Rosa, la precisión con la que describió su miedo y la firmeza con la que dijo su verdad. Como mujer que en el pasado había sido criticada por ser «demasiado emocional», Rosa sabía que su poder residía en reconocer la naturaleza precisa de su emoción, manteniendo al mismo tiempo un tono autoritario, basado en la pasión pero guiado por la perspectiva.

DEMASIADAS PALABRAS

Los estudios muestran que las mujeres hablan una media de veinte mil palabras al día, mientras que los hombres suelen hablar unas siete mil. Así que no es de extrañar que las mujeres que trabajan en culturas centradas en los hombres que privilegian el ser conciso reciban a menudo comentarios de que son demasiado habladoras o de que ofrecen «demasiada información».

Las objeciones típicas incluyen tomarse demasiado tiempo para ir al grano, preceder una sugerencia con muchos antecedentes, hablar con frases en lugar de con viñetas, oscurecer el tema principal con observaciones secundarias, dar demasiadas explicaciones, ofrecer múltiples razonamientos y ejemplos, charlar durante las pausas incómodas y ofrecer explicaciones voluntarias en lugar de esperar a que les pregunten.

La inseguridad puede ser la causa de esta verborragia, pero a menudo es simplemente un hábito contraproducente que tiene su origen en comportamientos que pueden reflejar sus mayores puntos fuertes. Entre ellas se encuentra el don de establecer intimidad y forjar relaciones sólidas, un interés genuino por los demás y la capacidad de darse cuenta de detalles importantes que otros pasan por alto. El reto de convertirte en una comunicadora más eficaz consiste en conservar estos puntos fuertes al tiempo que abordas los hábitos que te perjudican.

En sus programas, Sally suele trabajar con mujeres para que sean más concisas. Recientemente, recibió un poderoso refuerzo. Estaba impartiendo un taller de un día de duración en Singapur con un grupo de mujeres en altos cargos en una empresa mundial de biotecnología y moderando un panel de líderes sénior. Sally preguntó a Sherry, una panelista que dirigía la investigación mundial de la diabetes para la empresa, cuál era, en su opinión, la cualidad más responsable de su éxito.

Sin dudarlo, Sherry citó su capacidad de ser concisa.

Explicó que había desarrollado esta habilidad durante su carrera médica antes de entrar en la empresa. Dijo: «Hacer rondas como residente y luego estar en la práctica privada durante veinte años me obligó a ser sucinta, aunque soy del sur de Estados Unidos y tengo el típico don de la palabra. Pero cuando estás en la práctica, tienes un tiempo extremadamente corto con los pacientes y mucha información importante que transmitir. Así que aprendes a centrarte en lo más esencial. Si empiezas a elaborar o a entrar en detalles, te quedarás sin tiempo y dejarás de lado a la siguiente persona. Además, puedes abrumar a tus pacientes con demasiados datos».

Los esfuerzos de Sherry resultaron ser una gran preparación para el mundo empresarial, donde la capacidad de atención puede ser terriblemente corta y la mentalidad de «ir al grano» prevalece, especialmente en los niveles superiores. Después de las reuniones, los ejecutivos masculinos comentaban lo rápido que había ido al grano. «Era como si hubiera hecho una especie de milagro». Entonces Sherry empezó a notar la impaciencia de muchos de esos mismos directivos con las mujeres que eran menos concisas.

Dijo: «Las mujeres de nuestra empresa son estupendas, pero muchas de ellas se comunican en exceso. En las reuniones hay un claro tono masculino, se espera que la gente sea muy clara y no diga nada superfluo. Se considera que hay que ser profesional y autoritario. A las mujeres les gusta empezar con una historia de fondo —«déjame contarte cómo se me ocurrió esta idea»— y ofrecer muchos detalles. Así es como hablan entre ellas, lo cual está bien. Pero los hombres, sobre todo a nivel ejecutivo, tienden a perder el interés cuando hay mucha elaboración. Y cuando pierden el interés, lo pierden rápidamente».

Sherry señala que ser concisa requiere preparación. «Hay que reducir todo al mínimo, lo que significa pensar de antemano lo que más importa. Si ese no es tu estilo natural de hablar, si tiendes a ser más expansiva, eso va a requerir algo de trabajo, incluso de ensayo. Pero con la práctica, es una habilidad que las mujeres pueden aprender fácilmente».

Ahora Sherry hace una buena cantidad de *coaching* interno para ayudar a las mujeres de su empresa a ser más sucintas. Antes de una reunión, se encarga de enviar una señal sutil si observa que una compañera se extiende demasiado. «Ayuda mucho hacer saber a las mujeres en tiempo real cuando no están siendo todo lo eficaces que podrían ser. Lo aceptan porque saben que estoy de su lado y porque quieren tener más impacto. Ahora veo que las mujeres se señalan unas a otras cuando escuchan frases como «déjame que te ponga en contexto». Ese tipo de apoyo está marcando realmente la diferencia».

DEMASIADA DIVULGACIÓN

La revelación presenta otro comportamiento «excesivo» que puede atormentar a las mujeres en el lugar de trabajo, socavando su capacidad de ser vistas como profesionales confiables y discretas que se comportan como líderes. Según nuestra experiencia, las mujeres que revelan en exceso suelen hacerlo por una de estas dos razones. O bien asumen que la construcción de buenas relaciones y la búsqueda de un terreno común requiere compartir información personal, o bien están convencidas de que ser auténticas depende de la revelación.

Veamos cada una de estas creencias por separado.

No es difícil entender por qué las mujeres pueden suponer que la construcción de relaciones sólidas se sustenta en la autodivulgación. Investigadores como Deborah Tannen, que estudian las relaciones de los estilos de comunicación, observan que las mujeres utilizan la información personal como medio principal para establecer vínculos entre ellas. Comparten sus sueños y esperanzas personales, pero también diseccionan sus defectos y problemas, detallan sus dudas sobre sí mismas y revelan los detalles de sus relaciones problemáticas. Este intercambio franco de vulnerabilidades compartidas crea un sentimiento de intimidad y se considera un signo de confianza.

Por el contrario, los hombres rara vez establecen relaciones intercambiando intimidades o diseccionando problemas. De hecho, es más probable que los hombres se relacionen entre sí haciendo cosas juntos, a menudo en situaciones muy competitivas. Así que un sutil (o no tan sutil) espíritu de superación suele caracterizar los vínculos masculinos. Esta dinámica no deja lugar para compartir las vulnerabilidades.

La diferencia en los estilos de vinculación entre hombres y mujeres suele ser beneficiosa para las mujeres, ya que son más propensas que los hombres a formar amistades estrechas y duraderas. Muchos investigadores creen que el entusiasmo de las mujeres por crear amistades personales íntimas y redes de apoyo resistentes es una de las razones por las que las mujeres viven más tiempo que los hombres y dicen ser más felices en prácticamente todas las culturas, excepto en aquellas en las que su autonomía está muy restringida.

Pero las normas culturales del lugar de trabajo en todo el mundo han sido establecidas casi en su totalidad por los hombres, especialmente en el nivel de liderazgo. La confianza en el trabajo se considera generalmente una cuestión de competencia y fiabilidad, más que de intercambios francos sobre lo que te hace funcionar. Por ello, la revelación rutinaria de información personal, sobre todo la exposición de dudas y debilidades —«supongo que soy insegura» o «a veces me siento sola en este trabajo»— es más probable que disminuya tu credibilidad que que se gane un lugar en el corazón de tus compañeros de trabajo. Aunque el tenor emocional del lugar de trabajo está cambiando a medida que las mujeres adquieren mayor influencia y la información personal es más libremente intercambiada que en el pasado, la divulgación sigue representando un campo minado para muchas mujeres.

El hábito de la divulgación también puede estar arraigado en la simple creencia de que hablar de tus problemas y debilidades es el camino más directo para ser, y ser vista como, auténtica.

La autenticidad se ha convertido en una palabra de moda en el lugar de trabajo en los últimos años, y se habla mucho de la importancia de llevar tu «verdadero yo» al trabajo. La idea es que ser plenamente tú misma te liberará para ser más creativa, conectar más profundamente con tus compañeros y encontrar un punto de compromiso más apasionado con tu trabajo.

Ciertamente hay un grado de verdad en esto, y fingir que eres alguien que no eres nunca va a ser una buena práctica. Pero el énfasis implacable en la autenticidad puede ser una trampa, ya que difumina los límites que la mayoría de las organizaciones siguen respetando y aplicando incluso cuando cantan las alabanzas del compromiso auténtico. Y es una trampa que puede atrapar a las mujeres, que pueden sentirse alentadas a abandonar las cualidades de profesionalidad y discreción en la búsqueda de ser totalmente auténticas.

15

Hábito 11: Rumiar

Rumiar es una variación de aferrarse al pasado, que era el hábito trece en el libro de Marshall *Un nuevo impulso*. Si te aferras al pasado, probablemente pases mucho tiempo reviviendo cosas desafortunadas que sucedieron. Pones energía en tratar de reescribir los acontecimientos en lugar de aceptarlos y seguir adelante. Reflexionas, te preocupas, vuelves a reflexionar y te lamentas. Te dices a ti misma que estás resolviendo las cosas para entender exactamente lo que salió mal. Pero en un momento dado, revisar lo que salió mal en algún momento del pasado empieza a socavarte y a obstaculizar tu capacidad de levantarte.

Tanto los hombres como las mujeres se descarrilan centrándose en el pasado. Pero a menudo lo hacen de forma diferente. Según la experiencia de Marshall, los hombres que se aferran al pasado tienden a culpar a los demás de lo que creen que ha ido mal en sus propias vidas o carreras, excusándose a sí mismos y volcando su arrepentimiento hacia el exterior. El resultado es la ira. Esto no es sorprendente, ya que la ira es la emoción con la que los hombres se sienten más cómodos, como confirman las investigaciones, y como señalamos en el capítulo anterior.

Las mujeres, por el contrario, son más propensas a volcar el arrepentimiento hacia dentro, culpándose a sí mismas y diseccionando sus propios errores. Es posible que te estreses por los pequeños pasos en falso y los pequeños desencuentros en los que te percibes como culpable. O puedes agonizar por errores de cálculo que realmente te hicieron retroceder, pero que hace tiempo que deberías haber dejado ir.

Reflexionar habitualmente sobre los errores, los remordimientos y las experiencias negativas se llama rumiar. Es un hábito mental que, según los psicólogos, es más frecuente en las mujeres que en los hombres. Esto se debe a que las mujeres no solo pasan más tiempo reviviendo sus contratiempos, sino que son más propensas a creer que todo lo que salió mal fue culpa suya.

Es un hábito que no sirve a las mujeres.

La palabra *rumiar* ofrece una pista de lo que se trata. Técnicamente, la rumia describe lo que hacen los rumiantes. Los rumiantes son animales, como las vacas, las cabras, las ovejas y los ciervos, que viven exclusivamente a base de plantas y tienen dificultades para extraer suficientes proteínas de su dieta. Para resolver el problema, la evolución ha dotado a los rumiantes de un estómago especial que predigiere su comida. La comida vuelve a subir a la boca, donde se descompone al masticar antes de pasar a un segundo estómago para ser digerida. Este proceso se conoce popularmente como «masticar el bolo alimenticio». Y aunque es una estrategia evolutiva brillante para los rumiantes, sirve de poco para los seres humanos.

Si pasas tiempo rumiando, puede que te digas a ti misma que estás siendo reflexiva. Puedes imaginar que te ayudará a evitar errores en el futuro. O puedes creer inconscientemente que te mereces sentirte fatal porque tu comportamiento no ha estado a la altura de un ideal imaginado o ha enviado una señal que no era intencionada.

Pero, en realidad, hay pocas proteínas que extraer de los bien masticados bocados de autodesprecio que a ti, como rumiante humana, se te ocurren. Lo que realmente estás haciendo cuando rumias es reprenderte a ti misma, participar en un tipo de autoconversación que puede rozar el abuso.

En su práctica de *coaching*, Marshall ha visto a mujeres en la cúspide del éxito que, sin embargo, repasan constantemente sus errores y asumen la responsabilidad de acontecimientos sobre los que, de hecho, tenían poco control. Ha comprobado que la energía que estas mujeres malgastan en sentirse mal consigo mismas disminuye su capacidad de ser eficaces y de cosechar los beneficios de sus magníficas habilidades de liderazgo.

Mientras que los hombres practican muchos comportamientos auto-destructivos, Marshall raramente encuentra a los hombres enfrascados en el autocastigo. Los hombres son más propensos a decir: «He cometido un error. Todos lo hacemos. Es hora de seguir adelante».

SENTIRSE PEOR Y ESTAR ATASCADO

Rumiar es contraproducente por dos razones. En primer lugar, siempre te hace sentir peor. Y en segundo lugar, impide que puedas resolver tus problemas.

Te sientes peor porque, cuanto más rumias los acontecimientos pasados, más se acostumbra tu cerebro a rumiar. A medida que se establecen los surcos neurológicos de la autoculpabilidad y el arrepentimiento, el rumiado se convierte en tu modo por defecto. Así que, cuando algo va mal —lo que, siendo esto la vida en la Tierra, ocurre con frecuencia—, empiezas a repetir inmediatamente tus surcos mentales por defecto. *¿Por qué he dicho eso? ¿Qué habrá pensado ella? ¿Cuándo dejaré de ser tan imbécil? ¿No aprenderé nunca? ¿Qué demonios me pasa?*

Estos guiones autoacusatorios están perfectamente calculados para deprimirte. Y de hecho, los psicólogos trazan una línea recta de causalidad entre el rumiado crónico y la depresión crónica. Meditar sobre lo negativo y reñirte a ti misma es malo para tu salud, tanto física como mental. Y cuanto más tiempo consuma tu mente con autoacusaciones sombrías, peor te sentirás.

El rumiado también inhibe la adopción de medidas para remediar lo que te hizo rumiar en primer lugar. Los investigadores señalan que los rumiantes suelen seguir analizando su situación incluso después de haber desarrollado un plan para afrontarla. De hecho, los rumiantes pasan tanto tiempo dándole vueltas a las cosas que muchos nunca llegan a encontrar una solución. Se sienten más cómodos permaneciendo atrapados en el problema.

Sin embargo, el mero hecho de reflexionar puede hacerte sentir que estás siendo productiva. Esto te da una buena excusa para seguir reflexionando. Te dices a ti misma que analizar a fondo tu situación te permitirá hacer las cosas de forma diferente en el futuro. Pero el hecho es que, cuanto más rumias, más tiempo pospones el cambio de los comportamientos que te están causando dolor.

Susan Nolen-Hoeksema, que hasta su temprana muerte fue la principal investigadora sobre el rumiado, creía que las mujeres estaban predispuestas a él por el gran valor que conceden a las relaciones. Aunque su atención a los demás puede ser una fuente de fortaleza, también puede llevar a las mujeres a dedicar un tiempo desmesurado a procesar el contenido, a menudo ambiguo, de los intercambios sencillos y a escudriñar las observaciones casuales en busca de posibles significados. *¿Por qué ha dicho eso? ¿Fue algo que yo hice? ¿Podría haber malinterpretado lo que quise decir? ¿Significa esto que no confía en mí o que no le gusto?*

«El análisis equivale a la parálisis» es un eslogan hecho para los rumiantes. Así que no es de extrañar que la frase se utilice mucho en los programas de recuperación de doce pasos, o que el rumiado crónico se considere un factor de riesgo para el abuso de sustancias. Creas un infierno en tu mente y luego tratas de escapar de él usando comida o alcohol en exceso o un comportamiento excesivo. Pero siempre te está esperando cuando terminas tu juerga. De este modo, el rumiado funciona como una adicción.

LIBERARSE

Las investigaciones de la Dra. Nolen-Hoeksema la llevaron a creer que la interrupción y la distracción eran los medios más eficaces para frenar el rumiado. Un encuentro inesperado o un momento de retroalimentación es, a menudo, lo que se necesita para sacudir al rumiador de su letargo autoimpuesto.

Este encuentro ayudó a romper el ciclo de Liza, una productora de cine con la que trabajó Sally. Liza había tenido un éxito temprano como directora de producción de una pequeña pero muy rentable empresa cinematográfica, donde rápidamente desarrolló una cálida relación con su director general. Joe valoraba la habilidad de Liza para mantener los costes bajos y llevar a cabo los proyectos a tiempo, sin alienar al talento con sus exigencias. Al cabo de unos años, Joe se aseguró de que Liza dependiera directamente de él. Ella llegó a considerarlo como de la familia.

Pero la entrada de capital de un nuevo inversor pareció disparar las ambiciones de Joe. Contrató a un nuevo productor para que se encargara de algunos acuerdos de gran presupuesto. Mike era más joven que Liza, pero tenía experiencia en estudios importantes. Aunque sus trabajos habían sido relativamente menores, era un gran hablador con ideas aún mayores. Joe parecía deslumbrado por su joven promesa, y tomó a Mike bajo su ala, dando luz verde incluso a proyectos a medio hacer que quemaban dinero. Los proyectos de Liza siguieron recibiendo financiación, pero cada vez se consideraban más marginales: vacas lecheras de bajo presupuesto que podrían sostener la marca de la empresa de más alto perfil.

Eso volvía loca a Liza. «Pasé de ser la favorita de Joe a ser una don nadie en la empresa. Solía ir a los festivales de cine y a las fiestas con Joe, pero ahora él invitaba a Mike. Mike era como el hijo de Joe mientras que yo era la hijastra un poco vergonzosa. Estaba totalmente consumida tratando de averiguar qué había hecho mal. ¿Siempre le habían disgustado mis películas a Joe? ¿Creía que no era lo suficientemente «Hollywood»? ¿Debía arreglarme más cuando iba a la oficina? ¿Debía ser más amable con su nueva esposa? ¿O me odiaba porque había sido tan amigable con la anterior?».

Como Liza se sentía cada vez más miserable, empezó a encerrarse en su caparazón. Se sentía aislada, rechazada y muy sola. Fue un encuentro casual con la exmujer de Joe en un café, después de un día de trabajo especialmente desalentador, lo que finalmente sacó a Liza de lo que se estaba convirtiendo en una espiral descendente de cavilaciones.

Ida y yo nos alegramos mucho de vernos. No me había dado cuenta de lo mucho que la había echado de menos. Empezamos a hablar y, al cabo de un rato, le conté todo lo que había pasado con Joe y Mike. Ella me escuchó durante mucho tiempo y luego me detuvo. Me dijo: «Liza, sigo oyendo que intentas averiguar qué hiciste mal, pero tienes que darte cuenta de que esto no tiene que ver contigo. Se trata de Joe y de su deseo de cambiar todo en su vida: su familia, dónde vive, su empresa, quién es en la industria, con quién se junta. Por favor, deja de intentar averiguar qué pasó o cómo podría haber sido diferente. Empieza a pensar en lo que vas a hacer. Eso es lo que hice yo, y era su mujer. Debería ser más fácil para ti»».

La conversación tuvo un gran efecto en Liza. Para empezar, la obligó a revisar su guion de autoinculpación. Una vez que aceptó que la crisis de Joe no tenía nada que ver con ella, vio la inutilidad de darle vueltas sin parar en su mente. A medida que su estado de ánimo autoacusatorio se disipaba, lograba centrarse en su propio futuro. Estaba claro que tenía que tomar una decisión. Podía aceptar que había muchas cosas que todavía le gustaban de su trabajo y hacer las paces con ello. O bien podía llevar sus habilidades a una nueva empresa en la que fuera más apreciada.

Al cabo de unos meses, Liza decidió dejar su trabajo. Dice: «Fue una agonía porque había crecido en la empresa, pero cuando estaba lista para dimitir, me sentía sobre todo agradecida por las oportunidades que me habían dado. Joe había hecho mucho por mí, pero ahora era el momento de empezar a mirar hacia delante. Si Ida lo había hecho, yo también podía».

LOS HOMBRES SE MUEVEN

Por supuesto, es mejor detener el rumiado antes de que se establezca el hábito, rechazando cada vez que un guion negativo se abre paso en tus pensamientos. Gina, directora de marketing de una empresa de medios de comunicación y antigua cliente de *coaching* de Julie Johnson, encontró una forma sencilla de hacerlo. Julie se enteró de ello durante un almuerzo en el que le preguntó a Gina qué había sido lo más útil de su colaboración.

Gina dijo: «Lo más importante, con diferencia, fue cuando me dijiste que los hombres siguen adelante. Puede que tengan sus defectos, pero no suelen preocuparse mucho por ellos. Y ahora estoy sentada en estas reuniones ejecutivas con un montón de corrientes cruzadas y juegos de poder en marcha, y mi mente está haciendo todo lo posible para volver a su viejo camino conocido. Quizá me pregunte: *¿Piensa Peter que mi idea es estúpida? ¿He sido una imbécil por sacar el tema? ¿Y realmente debo estar en la sala con estos tipos tan exitosos?* En otras palabras, me meto en el agujero de la rabia, diciéndome a mí misma que no soy lo suficientemente buena, pero luego me las arreglo para volver. Lo hago recordándome a mí misma que los hombres siguen adelante. Lo que quiero decir es que los hombres siguen adelante, así que yo también puedo seguir adelante. No tengo que dejarme atrapar por esos pensamientos negativos. Puedo encontrar la manera de dejarlos ir».

Julie dice: «Me encantó que Gina me dijera eso. Porque, según mi experiencia, el rumiado es un verdadero asesino para las mujeres. Hace que incluso las mujeres brillantes y con talento se queden atascadas. Además, puede destruirte a nivel ejecutivo, donde tienes que parecer, y ser, segura y decisiva. Y porque a ese nivel, estás rodeada de hombres que realmente saben cómo avanzar».

Así que, si te identificas como rumiante, escribe un nuevo guion para ti. Y repite firmemente después de nosotros: ¡rumiar es para las vacas!

16

Hábito 12: Dejar que tu radar

te distraiga

Una de las grandes fortalezas de las mujeres es su capacidad de percibir un amplio espectro, la capacidad de percibir muchas cosas a la vez. Al investigar para el libro *The female vision,* Sally y Julie Johnson descubrieron que los neurocientíficos han documentado esta capacidad mediante resonancias magnéticas funcionales, que ofrecen una imagen del cerebro en funcionamiento. Estos escáneres muestran que, cuando las mujeres procesan información, sus cerebros se iluminan en muchas regiones diferentes, captando una multiplicidad de detalles. En cambio, cuando los hombres procesan información, su actividad cerebral tiende a concentrarse en una sola región.

¿El resultado? La atención de las mujeres funciona en su mayor parte como un radar, escaneando el entorno, captando una amplia gama de pistas y prestando atención al contexto. Mientras que la atención de los hombres funciona más bien como un láser, enfocando fuertemente y absorbiendo la información en secuencia.

Por supuesto, todos los seres humanos se sitúan en diferentes lugares de este espectro. Algunas mujeres tienen un estilo de observación más parecido a un láser y algunos hombres tienen un radar más desarrollado. Los estilos de percepción también cambian con el tiempo, dependiendo de cómo se utilicen. Dado que los circuitos neuronales humanos se adaptan, crecen y se reducen a medida que se practican diferentes comportamientos, el cerebro desarrolla nuevas habilidades en función de los circuitos que se utilizan. Por ejemplo, si tu trabajo requiere que analices muchos datos, tus circuitos neuronales se volverán más precisos con el tiempo. Si tu trabajo requiere que estés atento a las respuestas de la gente, las vías neurológicas que apoyan el radar se volverán más robustas.

Sin embargo, la generalización sobre los diferentes estilos de percepción de hombres y mujeres sigue siendo cierta, como confirman los resultados de la resonancia magnética. Esto tiene sentido si se tiene en cuenta que nuestras distintas formas de percibir han evolucionado durante cientos de miles de años. Las diferencias se remontan probablemente a la época de los cazadores-recolectores, cuando los hombres se encargaban de arponear grandes animales para alimentarse, una habilidad que requiere concentración, mientras que las mujeres recogían frutos secos, raíces y bayas, actividades que dependen de una atención de amplio espectro. El hecho de tener a su cargo a los niños pequeños, una exigencia que se ha mantenido constante a lo largo de los milenios, ha contribuido sin duda a la capacidad de las mujeres de percibir como un radar.

Uno de los problemas para las mujeres es que las organizaciones siguen privilegiando la atención láser —«solo ve al grano»— y la consideran un comportamiento de liderazgo. Esto no es sorprendente, ya que, hasta hace unas décadas, las organizaciones estaban dirigidas casi exclusivamente por hombres. Sin embargo, un radar bien desarrollado puede ser un activo poderoso en el trabajo. Estar muy atenta a los detalles de las relaciones y a lo que siente la gente te permite destacar como motivadora de los demás, inspirando la moral. Te ayuda a negociar y comunicarte con sensibilidad y habilidad. Favorece la colaboración y el trabajo en equipo. Y el radar te ayuda a forjar amistades íntimas que apoyan tu resistencia cuando las cosas se ponen difíciles.

EL LADO OSCURO DEL RADAR

Pero, al igual que cualquier otro punto fuerte, el radar tiene su lado oscuro. Un radar bien desarrollado puede dificultar el filtrado de las distracciones inútiles, dispersando tu atención y socavando tu capacidad de estar presente. El radar puede degradar tu capacidad para compartimentar las percepciones que puedan minar tu confianza y tu capacidad de rendimiento.

El radar también puede ser responsable, en parte, de la tendencia de las mujeres a pasarlo mal. Estar muy atenta a las reacciones de los demás puede alimentar el fuego de la duda y hacer que pienses demasiado en tus acciones. Por tanto, tener un radar activo puede ser en parte responsable de que tengas tendencia a rumiar. Especialmente si le das un giro negativo a lo que notas.

Taylor es una exitosa *coach* ejecutiva cuyo agudo radar la ayuda a intuir lo que sus clientes necesitan. Dice: «Tengo mucha confianza en el trato individual, como *coach* hay que tenerla. Pero me siento cohibida en grupos más grandes porque hay mucho que hacer, muchas reacciones que leer. Esto puede hacer que concentrarme en lo que estoy tratando de hacer sea difícil». Su radar la perjudicó hace poco, cuando le pidieron que presentara una visión general de su consulta a cincuenta potenciales clientes corporativos. Taylor se enfrentó a su nerviosismo preparándose a conciencia y se sintió razonablemente segura al comienzo de su presentación. Pero a los diez minutos, su concentración comenzó a desvanecerse.

Dice: «Empezó cuando me fijé en un tipo en la parte delantera de la sala que parecía escéptico con todo lo que decía. Parecía irritado por tener que estar allí. Intenté averiguar qué le molestaba y eso me distrajo un poco. Entonces una mujer en el fondo de la sala empezó a agitar la mano. Aunque todavía no habíamos llegado a la sesión de preguntas y respuestas, sentí que debía llamarla. Se levantó y dijo que mi charla no era lo que ella esperaba. Al parecer, una de las páginas web del evento prometía que yo hablaría de cómo estructurar un departamento de *coaching* interno. No sé cómo pudo haber ocurrido, pero no es mi especialidad». La objeción de la mujer cogió a Taylor por sorpresa, y se escuchó a sí misma disculpándose y preguntando qué podía decir que fuera más útil. «La mujer empezó a hablar de los problemas de *coaching* de su empresa y a parlotear. Me di cuenta de que la gente de la sala se estaba inquietando, pero ella siguió adelante. Cuando pude recuperar la palabra, tuve que apresurarme a hacer el resto de mis comentarios. Me sentí agradecida cuando se acabó mi tiempo y el siguiente orador se hizo cargo».

En la mesa del bufé durante el descanso, Taylor se encontró con Mirette, una colega que destaca por su capacidad para hablar en público. «Le dije que creía que mi charla había ido mal, y me miró con simpatía. Por supuesto, eso confirmó mis peores sospechas».

A la mañana siguiente, Taylor le dejó a Mirette un mensaje de voz pidiéndole que programara una charla rápida. Mirette la llamó inmediatamente. «Le dije que quería una crítica honesta de lo que había ido mal. Dijo que estaría encantada de ayudar. Me dijo que parecía distraída incluso antes de que la mujer me interrumpiera y me preguntó qué pasaba. Le hablé del tipo de la primera fila y de cómo me preguntaba por qué parecía tan negativo. Como ya me estaba esforzando cuando la mujer intervino, me sentí desconcertada por su decepción y sentí que tenía que abordarlo».

Mirette señaló dos problemas. «Primero, el tipo de la primera fila. ¿Y qué si parecía que no quería estar allí? Quizá se había peleado con su mujer esa mañana. Tal vez ella le dijo que iba a pedir el divorcio. Tal vez estaba enfermo o con resaca o enojado con su jefe. La cuestión es que no tenías forma de saberlo. Pero decidiste que tenía que ser por ti».

En segundo lugar, dijo Mirette, «no deberías haber tratado de abordar la decepción de la mujer. En toda gran multitud, hay alguien como ella, una irritante que intenta tomar la palabra y seguir hablando. Ese tipo de persona solo puede tener éxito si tú, como oradora, se lo permites. Por lo que sabes, la mitad de las personas del público la habían oído hacerlo una docena de veces y estaban esperando desesperadamente que la hicieras callar».

«Probablemente tengas razón», dijo Taylor. « ¿Pero qué debería haber hecho?».

«La mejor manera de tratar a una persona así es decir que sientes que esté decepcionada y luego pasar página inmediatamente y con mucha firmeza. No le des la oportunidad de responder. No estás ahí para satisfacerla y, como oradora, parte de tu trabajo es proteger a tu público de las personas que quieren salirse por la tangente. Si no lo haces, siempre vas a perderlos».

La franca evaluación de Mirette ayudó a Taylor a darse cuenta de que había estado tan ocupada intentando leer a su público y averiguar si estaba cumpliendo sus expectativas que había perdido de vista el contenido de su presentación e incluso su propósito al dar su charla. Su agudo radar, una fuente de éxito en su práctica de *coaching*, la había desestabilizado con un grupo más grande.

LA COLUMNA DE LA IZQUIERDA

El problema subyacente de Taylor era su incapacidad para estar presente para su público y lo que estaba ocurriendo en la sala, al tiempo que ofrecía su presentación preparada. Esto ocurrió porque, como podría haber dicho el psicólogo Chris Argyris, permitió que su columna de la izquierda abrumara a su columna de la derecha.

Argyris hizo esta famosa distinción al describir cómo los humanos asignan su atención. En la columna de la izquierda están los pensamientos y observaciones aleatorias que pasan por tu cerebro mientras estás haciendo otra cosa, formando tu corriente de conciencia. En la columna de la derecha está la tarea o la conversación a la que se supone que debes acudir.

Es fácil ver cómo un radar altamente sintonizado puede sobreestimular tu columna izquierda, dispersando tu atención y distrayéndote de lo que tu columna derecha está tratando de hacer. Si, como Taylor, estás intentando comunicar información, tu columna izquierda puede bombardearte con pequeñas pero frenéticas dudas y preocupaciones: *¿Sueno mal? ¿Ese tipo está de acuerdo conmigo? ¿Por qué Sheila parece aburrida como una ostra?*

Argyris señaló que una conciencia disciplinada de la columna izquierda puede ser una ayuda eficaz en la comunicación, ya que te hace sensible a la forma en que los demás responden y enriquece el contenido de lo que intentas transmitir. Y el radar puede enriquecer el contenido y la precisión de tu columna derecha. Pero también es fácil ver cómo un radar bien desarrollado puede hacer que tu columna izquierda se desvíe. Es posible que te fijes en tantos detalles que pierdas la noción de lo que estás diciendo y por qué.

Cuando esto ocurre, tu columna izquierda se convierte en una fuente de ausencia en lugar de presencia, una forma de desconectar en lugar de sintonizar. Se convierte en una fuente de debilidad en lugar de una fuente de fuerza.

Entonces, ¿cómo disciplinar la columna de la izquierda para que funcione a tu favor?

Tratar de suprimirla no suele ser una buena idea. De hecho, Argyris advirtió que ignorar o bloquear los pensamientos de la columna izquierda era una buena manera de convertirte en una comunicadora menos eficaz y menos intuitiva. Esto se debe a que el hecho de no estar en contacto con lo que realmente se piensa y se siente nos desconecta de las personas con las que se supone que nos relacionamos. Tu absorción total en el contenido parece robótica y poco auténtica, lo que puede hacer que los demás se pregunten qué estás tratando de ocultar. Además, suprimir lo que notas consume mucha energía neuronal. Así que el esfuerzo puede hacer que pierdas fuelle y te sientas agotada.

Por todas estas razones, bloquear lo que se nota no es una buena práctica. Es mucho mejor gestionar la columna de la izquierda para poder beneficiarte de ella sin sentirte abrumada.

REENCUADRE

Una buena forma de gestionar esos molestos pensamientos de la columna de la izquierda es revisar la historia que te cuentas a ti misma sobre lo que notas. Esto se conoce como reencuadre. En esencia, esto es lo que Mirette aconsejó a Taylor que hiciera.

Taylor dice: «La observación de que quizá el tipo de la primera fila acababa de pelearse con su mujer fue una de las cosas más útiles que me han dicho. Ahora, cada vez que me pregunto por qué alguien en un grupo o reunión parece irritado o distraído, simplemente decido que está atrapado en algún problema personal o que está reviviendo un desastre de su viaje matutino. Reencuadrar la historia que me cuento a mí misma sobre lo que noto me ayuda a soltarme y centrarme en lo que tengo que decir sin perderme en el contenido».

Su temor a presentarse ante un grupo numeroso hizo que Taylor olvidara que utiliza con frecuencia el reencuadre en su propio trabajo con los clientes. «Digamos que un cliente me dice que «no es una persona sociable». Le ayudo a identificar ejemplos de cómo conecta con los demás para que pueda empezar a contarse a sí mismo una historia más útil y verse en tonos grises en lugar de en blanco y negro. Como *coach*, estoy muy familiarizada con las teorías de Chris Argyris. Pero cuando me encontré en una situación de estrés, me obsesioné tanto con intentar leer las reacciones de los demás que olvidé lo útil que puede ser el reencuadre».

Otra forma de replantear es reconocer lo que hay en la columna de la izquierda y encontrar la forma de incorporarlo a la columna de la derecha. Hadley, propietaria de un servicio de diseño de jardines, utilizó este enfoque cuando la asociación a la que pertenece decidió honrarla como maestra en su campo.

Hadley dice: «Me sentía muy cohibida al respecto. Aunque nuestra empresa ha hecho unos jardines preciosos, no me considero una maestra y me imaginé que algunos de mis colegas compartirían esa opinión. Así que empecé a revivir todas las tonterías que había hecho y que deberían haberme descalificado para el premio».

Su preocupación mental era tal que, incluso cuando intentaba escribir un discurso amable y optimista, los pensamientos de Hadley iban en dirección contraria. El conflicto entre lo que escribía y lo que pensaba la hacía sentir como un fraude. Como resultado, temía el evento.

La mañana de la entrega de premios, Hadley leyó su discurso e inmediatamente supo que tenía que dejarlo de lado. Era precioso, pero no reflejaba lo que ella sentía. Así que, en su lugar, decidió dejarse llevar por sus emociones y hablar al público de las dudas que le había suscitado ser nombrada maestra.

Dice: «No exageré los aspectos negativos ni minimicé mis logros. Pero sí hablé de mis luchas y contratiempos. Dije que no me sentía una maestra, sino una principiante. Eso me recordó el concepto budista de «mente de principiante», la idea de que hay que abordar cada tarea como un principiante para no quedarse atascado en el piloto automático. Al decir esto, me di cuenta de que la mente de principiante era una de las ventajas que aportaba a mi trabajo. Probablemente me había mantenido fresca durante todos estos años. Hacer ese descubrimiento mientras hablaba resultó ser muy poderoso».

Al público le encantó. Compartir su vulnerabilidad hizo que Hadley les pareciera real, y ser honesta se sintió bien. Pero solo pudo hacerlo cuando dejó de obsesionarse con la opinión de los demás y dijo la verdad tal y como la veía. Cuando terminó, recibió la primera ovación de su vida.

El reencuadre es poderoso porque no te obliga a elegir entre los pensamientos que pasan por tu mente y lo que realmente intentas comunicar. Te permite acceder a toda la riqueza de tu columna izquierda sin caer en la trampa de lo uno o lo otro. Al reconocer lo que sientes y encontrar fuerza en ello, aprovechas el poder de tu radar para desterrar tu lado oscuro.

La buena noticia sobre el radar hiperactivo es que no es más que un hábito. No es un defecto de carácter profundo. No es una consecuencia del cableado neuronal permanente. No es una manifestación inalterable de lo que eres. Al igual que los otros once comportamientos descritos en este libro, es un hábito que puedes mitigar con la ayuda de unas sencillas herramientas.

PARTE III

Cambiar para mejorar

17

Comienza con una cosa

Ahora ya sabes qué hábito —o, seamos sinceros, hábitos— puede estar desempeñando un papel en tu estancamiento. Tal vez sean hábitos a los que te has apegado porque te ayudaron en el pasado. Es humillante admitir que lo que solía funcionar para ti ha dejado de funcionar, y da un poco de miedo porque los comportamientos familiares pueden sentirse como parte de quién eres. Pero es inspirador considerar lo mucho que podrías beneficiarte de dejarlos ir.

Esta es la parte difícil: para lograr un cambio sostenible y duradero se necesita concentración. No se trata de un entusiasmo momentáneo de «vamos a hacerlo», sino de la voluntad de hacer un esfuerzo constante a lo largo del tiempo. La mejor manera de conseguirlo es identificar un comportamiento, o incluso una parte de un comportamiento, y trabajar en él hasta que se vea algún progreso. Esto se debe a que hacer pequeños cambios y repetirlos hasta que se conviertan en algo habitual es más probable que produzca resultados a largo plazo que tratar de convertirte en una nueva tú de una sola vez.

Puede que lo hayas notado con las dietas. Digamos que decides dejar de comer pan con las comidas y luego, unas semanas más tarde, eliminas las galletas de la merienda. Si sigues con este programa suave y mínimo, perderás peso de forma lenta pero constante. Y probablemente lo mantendrás, dándole a tu sistema tiempo para adaptarse a un cambio menor.

Sin embargo, si decides que, a partir del primero de junio, vas a limitarte a comer col rizada y seitán, probablemente perderás peso con bastante rapidez. Pero al cabo de unas semanas, te encontrarás haciendo trampas, que es la palabra que la gente utiliza cuando no quiere admitir que está dejando la dieta. Pronto volverás a hacer trampas, hasta que vuelvas a premiarte con helados. Entonces fijarás una nueva fecha para empezar otro intento de ser una nueva tú.

Haz esto unas cuantas veces y serás una persona que hace dietas «yo-yo» en toda regla.

El cambio de comportamiento yoyo funciona de forma similar. Tiende a fracasar con el tiempo porque depende totalmente de la fuerza de voluntad. Pero la fuerza de voluntad es difícil de mantener en el tiempo. Esto no se debe a que seamos débiles o perezosos, sino a que nuestro cerebro está programado para optar por lo que requiera el menor esfuerzo y suponga el menor estrés para nuestro sistema. En la práctica, esto se traduce en volver a los hábitos establecidos.

Por el contrario, un enfoque gradual tiene en cuenta el poderoso papel del hábito y el defecto. Esto se debe a que hacer pequeños cambios de uno en uno te da la oportunidad de practicar cada comportamiento hasta que se convierta en algo automático. Una vez que ya no requiera un gran esfuerzo, puedes pasar a otro comportamiento si así lo deseas.

DESEMPACAR LOS GRUPOS DE HÁBITOS

Seguramente te habrás dado cuenta de que varios de los doce hábitos descritos en los capítulos anteriores tienen áreas de coincidencia o son, en cierta medida, consecuencia unos de otros.

Por ejemplo, si tienes un problema con el hábito uno, la reticencia para reclamar tus logros, probablemente también tengas problemas con el hábito dos, esperar que los demás noten y premien espontáneamente tus contribuciones. Ambos tienen su origen en la creencia de que «tocar la bocina» es odioso y reflejan el miedo a ser considerada «demasiado ambiciosa». Y ambos son considerados convencionalmente como comportamientos de niña buena.

Tal vez tengas dificultades para priorizar varios hábitos que se solapan y que quieres eliminar. No es de extrañar, ya que determinados comportamientos pueden formar grupos o patrones, lo que hace que sea un reto clasificarlos. Así que veamos algunos grupos de hábitos comunes para ver si alguno de ellos te suena a ti.

- Si te identificas con el hábito tres, sobrevaloración de la experiencia, es posible que también tengas problemas con el hábito seis, anteponer el trabajo a la carrera. Ambos reflejan el deseo de mantener la cabeza agachada y centrarte en la tarea que tienes ante ti en lugar de aspirar a un objetivo mayor a largo plazo.
- Estos dos comportamientos a menudo se solapan con el hábito siete, la trampa de la perfección, ya que los tres están arraigados en la esperanza o la expectativa de que serás recompensada si haces todos bien. Estos hábitos suelen aparecer ante los demás como una tendencia a pensar en pequeño. Pueden dar lugar a que se te etiquete como alguien que está dispuesta a realizar el trabajo pesado, pero que no está preparada para el pensamiento global que requiere ser una líder.
- Los hábitos nueve y diez también se alinean, ya que tanto minimizar como exagerar reflejan una reticencia a decir tu verdad con claridad, intención y fuerza. Como no quieres arriesgarte a anticiparte a los demás o a hacerles sentir mal, puedes señalar de antemano que eres ambivalente a la hora de defender tu postura. Esto puede dar lugar a que te pasen por alto o no te tengan en cuenta.
- El hábito once, rumiar, suele ser una consecuencia del hábito doce, dejar que tu radar te distraiga. Como te das cuenta de muchas cosas, tienes mucho que procesar y puedes acabar dándole vueltas a lo negativo de una manera que te debilita y te mantiene

atascada. Esto puede hacer que parezcas desorganizada o un poco despistada.

Una vez que identifiques el grupo de hábitos que te está obstaculizando, puedes elegir el que quieres abordar primero. En los dos próximos capítulos encontrarás sugerencias sobre cómo superar los comportamientos contraproducentes. Pero antes, tendrás que averiguar por dónde empezar.

DESGLOSANDO LA INFORMACIÓN

Una buena manera de empezar es desglosar un comportamiento problemático en hábitos discretos y específicos que puedan abordarse de uno en uno. Digamos, por ejemplo, que tú te reconoces en la descripción del hábito ocho, la enfermedad de agradar. Al igual que Nancy, la administradora del hospital descrita en el capítulo doce, tú te consideras una persona servicial y generosa y quieres que los demás te vean así. Tu inversión en tu imagen de ti misma te lleva a temer decir que no por miedo a decepcionar a los demás. Como resultado, dejas que violen tus límites y accedes a peticiones que sabes que deberías rechazar.

Tal vez decidas empezar a abordar el hábito ocho oponiéndote a las peticiones que no sirven a tus intereses. Pero dado que te has acostumbrado a complacer a los demás, de repente trazar una línea en la arena te parece arbitrario y categórico, el equivalente conductual a cambiar a la col rizada y el seitán. Así que en lugar de ir a por una transformación de la noche a la mañana, puedes simplemente tratar de averiguar cuánto le importa realmente algo a la persona para la que lo haces. Este fue el enfoque adoptado por Miranda, la asociada de un bufete de abogados descrita en el capítulo dos, que se ofreció a formar parte del comité de contratación de su bufete justo cuando su trabajo en los juicios se estaba calentando. Enseguida se dio cuenta de que esto iba a suponer un problema, pero no quiso decepcionar al colega que la había recomendado para el comité. «No me gusta decepcionar a la gente», dice. «No soy así. Cuando alguien me pide que haga algo, intento cumplirlo, aunque me mate».

Sin embargo, se armó de valor y le contó a su colega sus reparos. Fue entonces cuando él le dijo que le había pasado la invitación porque «parecía alguien que diría que sí». En otras palabras, Miranda se había complicado a sí misma tratando de complacer a un compañero de trabajo al que no le importaban sus esfuerzos. Con esta información, a Miranda le resultó más fácil imponer sus límites.

Hay una lección aquí para cualquiera que se identifique como un complaciente.

LA INTENCIÓN DA FORMA AL CAMBIO

Miranda pudo identificar un buen primer paso que dar porque vio que su necesidad de complacer a los demás se interponía en su práctica de litigio. Esto le importaba mucho, ya que desde niña había querido ser una gran abogada litigante. Ahora que estaba a punto de empezar a hacer realidad esa ambición, vio cómo su dificultad para imponer límites podía socavar la trayectoria que llevaba. Esto le dio un poderoso incentivo para cambiar un comportamiento que antes le había servido.

La historia de Miranda demuestra que tener una idea clara de lo que se quiere conseguir en la vida puede ser un estímulo y una ventaja cuando se quiere cambiar. En cambio, Vera, la perfeccionista descrita en el capítulo once, no tenía este tipo de incentivo porque había perdido la noción de lo que realmente quería conseguir. Su ávida atención a los detalles le había servido hasta que fue seleccionada para un puesto de alta dirección. Entonces, de repente, la puso en desventaja. Ella lo sabía; los comentarios que había recibido de su *coach* y de sus colegas eran lo suficientemente claros. Pero no podía abandonar su comportamiento habitual porque hacer las cosas perfectamente se había convertido con el tiempo en su objetivo. Ya no sabía lo que quería conseguir, más allá de demostrar que era la persona perfecta.

Al igual que una serie de comportamientos descritos en este libro, como la necesidad de agradar o la sobrevaloración de la experiencia, tratar de ser perfecta puede convertirse en un fantasma que te distrae de tu propósito mayor. Por eso, conocer tu propósito —definirlo, hablar de él, compartirlo y ser intencional en tu búsqueda— puede ser una poderosa ventaja a la hora de abordar los comportamientos que te perjudican.

Entonces, ¿cómo puedes tener claro tu propósito?

Empieza por articular de forma concisa y precisa lo que esperas conseguir, ya sea en tu trabajo actual o a largo plazo. La idea es exponer claramente el objetivo o propósito que más te inspira.

Tu declaración podría ser muy específica: quieres dirigir un equipo de innovación global en una empresa emergente bien financiada. Quieres ser la vendedora del año en tu empresa. Quieres presentarte a las elecciones estatales y ganarlas. Quieres dirigir la actividad de divulgación comunitaria de tu empresa.

Tu declaración también podría ser acerca de una aspiración más general, lo que consideras tu propósito más amplio en el mundo. Marshall tiene una declaración de este tipo: ayudar a los líderes de éxito a conseguir cambios de comportamientos positivos y duraderos. Sally también tiene uno: ayudar a las mujeres a reconocer sus mayores puntos fuertes para que puedan actuar con confianza e intención. Una vez que tienes tu declaración, ¿qué haces con ella? Empiezas a compartirla, una y otra vez, en todo tipo de situaciones, hasta que tu discurso sea fluido y parezca automático. La mantienes consistente, pero la perfeccionas a medida que avanzas, tratando de hacerla más sencilla y clara.

Sally se dio cuenta del poder de articular tu propósito cuando trabajó con Dong Lao, el patrocinador ejecutivo de la iniciativa para mujeres en una institución financiera global descrita en el capítulo seis. Al pronunciar el discurso principal de la conferencia anual de la iniciativa ante seiscientas mujeres de todo el mundo, Lao instó a todas las presentes a elaborar un «discurso de ascensor» que reflejara quiénes eran y articulara lo que querían conseguir.

Lao se basó en la declaración de intenciones que había oído pronunciar a un joven y ambicioso banquero en el ascensor de la sede de la empresa en Londres. Era breve, concisa, preparada a conciencia y concebida para que se pudiera pronunciar de un momento a otro. El mensaje subyacente era claro: esto es lo que hago, esto es lo que pretendo conseguir. No me pierdan de vista.

Una declaración de propósitos también puede ser útil cuando intentas identificar qué comportamiento te conviene abordar primero. Esto se debe a que articular tu propósito te da una lente para decidir qué puede y qué no puede servirte mientras trabajas para lograr el objetivo que te has fijado.

Por ejemplo, si tu objetivo es ser una embajadora global de la marca de tu empresa, probablemente querrás abordar tu reticencia a reclamar tus logros. Esto se debe a que ser un megáfono hábil para ti misma te servirá de práctica para convertirte en un megáfono hábil para tu organización.

Si tu objetivo es entrar en el comité ejecutivo de tu empresa, es posible que quieras abordar tu hábito de sobrevalorar la experiencia. Esto se debe a que tener una amplia cartera de responsabilidades requerirá que te sientas cómoda dejando el dominio de los detalles a otros.

Si te mueve el deseo de ser la primera mujer en la división más machista de tu empresa, es posible que quieras trabajar para conseguir aliados desde el primer día. Porque necesitarás defensores tras bastidores que puedan contrarrestar las dudas de los altos cargos que no saben lo que eres capaz de hacer.

Si quieres que te reconozcan en tu empresa de consultoría como una persona de gran potencial, es posible que quieras abordar tu hábito de minimizar. Esto se debe a que el hecho de recurrir habitualmente a frases como «solo estoy tratando de decir», «solo necesito un segundo de tu tiempo» o «es como, ah...» indican que eres ambivalente en cuanto a lo que tratas de transmitir y no estás del todo preparada para sentarte a la mesa grande.

Ya entiendes la idea. Vincular el primer paso a tu objetivo o propósito más amplio te dará una forma sólida de identificar el comportamiento por el que quieres empezar.

Al tomar la decisión, es útil tener en cuenta el viejo dicho: lo perfecto es enemigo de lo bueno. En otras palabras, no te agobies, no imagines que tienes que empezar en el lugar perfecto o que tienes que dar cada paso sin errores. Simplemente ponte en marcha.

18

No lo hagas sola

Es bastante difícil cambiar un hábito. Pero es casi imposible cambiarlo sola. ¿Por qué? Porque, como humanos, todos tenemos un «olvidador» incorporado. Cuando nos encontramos en una situación familiar o en una situación de crisis, tendemos a responder por defecto con nuestra respuesta habitual.

Esto es lo que significa operar con el piloto automático. No tienes que pensar en lo que estás haciendo ni esforzarte en hacerlo, simplemente lo haces sin pensar, como siempre lo has hecho. Puede que después recuerdes que intentabas responder de una forma nueva y más constructiva. Pero en un momento de tensión, estrés, distracción, confusión, resentimiento o simplemente exceso de trabajo, vuelves a tu zona de confort.

Operar con el piloto automático parece eficiente, y en muchos sentidos lo es. Si tuvieras que pensar conscientemente en cada giro del volante cuando conduces, nunca llegarías al trabajo. Si tuvieras que decidir dónde poner el pie cada vez que das un paso, vacilarías al intentar caminar. Los valores predeterminados son muy útiles cuando se realizan tareas que requieren repetición. Pero la facilidad de la predeterminación dificulta el cambio de hábitos.

Por eso el *coaching* puede ser tan útil. Los *coaches* sirven como disruptores, recordándote que estás tratando de cambiar y ayudándote a mantener tus esfuerzos. Un *coach* también actúa como tu compañero cuando intentas dejar de lado los hábitos que se interponen en tu camino. Algunas de las mujeres que se describen en este libro se beneficiaron de contar con *coaches* que les ofrecieron retroalimentación, alteraron patrones familiares, las mantuvieron en el camino y las hicieron responsables de los nuevos comportamientos.

Pero, ¿y si no tienes *coach*? Después de todo, pueden ser caros. Y los muy buenos pueden ser muy caros. Es probable que tu empresa solo contrate a *coaches* para sus ejecutivos de más alto nivel. Así que, si no estás en ese nivel, trabajar con uno puede estar fuera de tu alcance.

Pero no cuesta nada reclutar a un colega, un amigo, un jefe o un subordinado directo en tu esfuerzo por realizar cambios de comportamiento positivos. Solo tienes que empezar por pedir ayuda a una persona de confianza para que te ayude a abordar un hábito que te gustaría cambiar. Involucrar a otra persona desactivará tu «olvidador», hará más difícil volver al piloto automático y hará más difícil que racionalices tu resistencia.

CONSIGUE AYUDA

Digamos que decides que abordar el hábito de pedir disculpas sin sentido es un buen punto de partida para tratar tu tendencia a minimizar. En este caso, podrías decir algo así a un colega de confianza: «Sharon, me pregunto si podrías ayudarme. Estoy tratando de ser más eficaz en mi comunicación, pero me he dado cuenta de que tengo el hábito de disculparme incluso cuando no he hecho nada malo. A veces me oigo empezar una simple observación con «lo siento», pero la mayoría de las veces ni siquiera me doy cuenta. Me pregunto si podrías avisarme cuando me oigas decir esto, ya que estaremos trabajando juntas durante el próximo mes. Si hay otras personas cerca, podrías asentir con la cabeza o levantar las cejas para indicármelo. Te lo agradecería, ya que este hábito no me ayuda a dar lo mejor de mí».

O digamos que decides que necesitas llamar más la atención sobre tus logros. Tal vez, como le ocurrió a Ellen, la ingeniera del capítulo dos, tu jefe te ha dicho que tienes que ser más proactiva para ayudarle a alcanzar sus objetivos. Te das cuenta de que piensa esto porque no le has mantenido al tanto de lo que estás haciendo. Así que le pides a un colega que también asiste a las reuniones semanales de tu jefe que te ayude.

Podrías decir:

«Jim, ya que nos sentamos uno al lado del otro en las reuniones de Jake, me pregunto si podría solicitar tu ayuda. El mes pasado tuve una revisión de mi rendimiento y una de las conclusiones más importantes fue que no le comunico a Jake todas las cosas que estoy haciendo para que nuestro proyecto sea más visible en el mercado. Creo que tengo que ser más asertiva en las reuniones. ¿Podrías observar las próximas semanas y decirme si estoy subestimando mis contribuciones? Agradecería mucho tu opinión».

Si involucras a los demás en los esfuerzos de cambio, no solo es más probable que mantengas los nuevos hábitos, sino que también es una buena manera de fortalecer y profundizar las relaciones en el trabajo. ¿A quién no le gusta que le pidan que comparta sus opiniones u observaciones? ¿Quién se opone a que se le considere un asesor de confianza cuyas opiniones y comentarios son precisamente lo que se necesita? La cuestión es que solicitar la ayuda de los compañeros les hace partícipes de tu desarrollo. Demuestra confianza en su juicio. Hace ver que te tomas en serio tu trabajo. Incluso puede inspirar a otros a tomar medidas similares, lo que podría ayudar a todo el equipo a mejorar en su trabajo.

Por supuesto, pedir ayuda requiere que seas un poco vulnerable. Esto puede resultar incómodo, porque en la mayoría de los lugares de trabajo se intenta transmitir que se tiene el control total y que no se necesita la ayuda de nadie. Por ello, te ofrecemos algunos consejos extraídos de nuestra experiencia que pueden reducir la incomodidad o la confusión que puedas sentir.

1. Elige con cuidado. Pide ayuda a alguien en quien confíes, con quien tengas una buena historia y que sepas que tiene un estado de

ánimo positivo. Dado que le pedirás a la persona que te observe y te dé su opinión sobre un comportamiento, también querrás elegir a alguien que te vea con regularidad, ya sea en reuniones o como parte de un equipo.

2. Sé específica. Las peticiones generalizadas no te permitirán obtener la información que buscas. Preguntas vagas como «¿crees que lo estoy haciendo bien?» pondrán a la persona que intentas reclutar en un aprieto y dejarán demasiado espacio para una respuesta subjetiva. En lugar de eso, di con precisión lo que quieres que note, basándote en el hábito con el que decidiste iniciar el cambio. Esto podría ser disculparte, compartir en exceso, desviar los elogios, restar importancia a tus logros, minimizar el lenguaje corporal, ofrecer demasiada información o tratar de complacer demasiado, cualquier comportamiento o hábito que creas que se interpone en tu camino.

3. Sé concisa. Demuestra a la persona que reclutas que valoras su tiempo haciendo tus peticiones lo más breves posible. Evita compartir muchos antecedentes, hacer largas presentaciones o repetir lo mismo de diferentes maneras. Y recuerda que ser sucinta requiere que te prepares con antelación. Así que decide cómo vas a formular tu petición antes de hacerla y piensa en cómo puedes responder de forma concisa a las posibles preguntas.

4. Recuerda que la divulgación no es el objetivo. No te esfuerces en explicar por qué quieres cambiar un hábito ni compartas tu análisis de los motivos por los que te comportas así. A los demás no les importa demasiado. Ten en cuenta que lo que quieres es cambiar un comportamiento que limita tu potencial, no revivir el pasado ni apuntar a la gente a una sesión de terapia.

5. Especifica un límite de tiempo. No pidas un compromiso indefinido. En su lugar, pide a la persona que enlistes que te observe en un acto concreto o durante un periodo de tiempo limitado, como durante una reunión programada o en las próximas semanas.

La forma de pedir ayuda es importante. Pero no es lo único que importa. También hay que tener en cuenta la forma de responder a los comentarios que se piden. No querrás ser reactiva ni parecer molesta si escuchas verdades dolorosas, ya que esto hará que la persona a la que recurras se arrepienta de haber aceptado.

También es bueno tener un plan anticipado para responder, sobre todo porque los comentarios son notoriamente difíciles de escuchar. A nadie le gusta que un colega o un amigo le diga la temible frase «¿Puedo darte mi opinión?». Puede que sonrías, pero probablemente estés apretando los dientes por dentro y te estés conteniendo para no responder: «No, desde luego que no».

Los comentarios no solicitados se perciben como una crítica, independientemente de la forma en que se formulen las observaciones, por lo que la mayoría de las personas se ponen a la defensiva. Pero cuando se pide a alguien que ofrezca sus opiniones, se está solicitando la retroalimentación, por lo que ponerse a la defensiva no tiene sentido y es contraproducente.

Tu tarea es responder con gracia y tomar lo que necesitas. Marshall ha desarrollado un método de *coaching* que proporciona orientación para utilizar la retroalimentación cuando se trata de cambiar comportamientos. Tiene cuatro componentes: escuchar, agradecer, hacer un seguimiento y publicitar.

Escuchar

El primer paso es simplemente escuchar la información que recibes, así que debes asegurarte de que sabes escuchar. Puede que pienses, por supuesto que sé escuchar, soy un ser humano y tengo oídos. Pero escuchar realmente lo que dice otra persona requiere disciplina y concentración. También requiere cierta dosis de humildad.

Es fácil olvidar en el fragor de la conversación que escuchar y hablar son dos actividades completamente diferentes, lo que significa que no puedes escuchar al mismo tiempo que hablas. Y no puedes escuchar si te estás preparando para hablar, ensayando mentalmente tu respuesta o apurando tu opinión antes de que la persona a la que se supone que estás escuchando haya terminado.

Cuando haces esto, puedes sentir que estás escuchando. Pero en realidad tu mente está ocupada con tus propios pensamientos. Incluso si consigues escuchar las palabras que dice la otra persona, te perderás los matices que son esenciales para una verdadera comprensión.

Y hay otro problema: la persona a la que supuestamente escuchas sabe cuándo tus pensamientos están en otra parte porque, por mucho que lo intentes, tu lenguaje corporal te delata. Esto es cierto incluso cuando crees que estás dando una buena impresión de alguien que está escuchando, asintiendo con la cabeza y diciendo ajá en todos los lugares correctos.

Pero piénsalo. Como dijimos en el capítulo trece, un niño pequeño puede darse cuenta de que tus pensamientos están en otra parte. Lo mismo ocurre con tu perro y tu gato. Las criaturas sensibles tienen un radar para detectar si los demás se desentienden de lo que están comunicando. Entonces, ¿cómo podría un adulto competente no darse cuenta?

Frances Hesselbein es una de las personas que más sabe escuchar. Practica la escucha como si fuera una forma de arte y es capaz de asimilar con serenidad información que puede resultar molesta o perturbadora. Puede hacerlo porque entiende que escuchar es siempre un proceso de dos pasos. Hay una parte en la que se escucha lo que la otra persona tiene que decir y otra en la que se responde. No se superponen.

Frances cita al difunto Peter Drucker, su mentor y amigo, como el mejor oyente que ha conocido. La gente con la que trabajaba estaba pendiente de cada una de sus palabras. Sin embargo, tenía la costumbre de escuchar atentamente y en profundidad antes de abrir la boca. En una reunión, pedía la opinión de todos antes de ofrecer la suya. «Peter», dice Frances, «siempre iba último». Quería tomar la temperatura de lo que decían los demás para poder reunir toda la información disponible. Y quería tener tiempo para formular una respuesta meditada.

¿A cuántos líderes has visto hacer esto?

En la mayoría de las situaciones, ocurre lo contrario. El más veterano de los presentes intenta imponer su dominio siendo el primero en responder, a menudo cortando a los demás en el proceso. El mensaje que se transmite es claro: soy más importante que tú y por eso tengo que hablar primero. Lo que tengo que decir es lo que realmente importa.

Por supuesto, el líder tiene todo el derecho a ir primero. Pero, ¿cuál suele ser el resultado? Una vez que el líder habla, todos los demás se callan porque nadie quiere contradecir a la persona de mayor rango. El resultado es que todos se alinean sin expresar su opinión o compartir información que podría ser vital. Esta es la razón por la que muchas reuniones parecen inútiles: acaban confirmando las creencias del líder. En cambio, un líder que da a los demás la oportunidad de hablar primero acaba sacando a la luz nuevos hechos, perspectivas y puntos de vista.

Volvamos a la situación en la que has pedido a un colega que observe un comportamiento que estás intentando cambiar. Cuando llega el momento de escuchar sus observaciones, no quieres hacer otra cosa que escuchar, lo que significa mantener los oídos abiertos y la boca cerrada. Al fin y al cabo, le has pedido su opinión, así que no hay razón para ofrecer la tuya, ni para explicarte o defenderte. Aunque no te guste lo que dice, aunque te parezca hiriente, aunque creas que ha malinterpretado tus preocupaciones o no ha entendido nada, quieres responder a los comentarios que has solicitado escuchando cada palabra.

Agradeciendo

¿Y qué haces cuando la otra persona ha terminado de hablar? No contradices, pero tampoco afirmas. No ofreces tu propia opinión ni te apresuras a compartir un plan de acción. Te limitas a dar las gracias.

Adquirir el hábito de dar las gracias a los demás es una de las cosas más eficaces que puede hacer para ascender. Al igual que escuchar, dar las gracias te ayudará en todas las etapas de tu carrera. Y es que el agradecimiento funciona en casi todas las situaciones:

- Crea un cierre en las conversaciones difíciles.
- Detiene el ciclo del ojo por ojo.
- Es desarmante: incluso las personas que están a la defensiva se ablandan cuando se les da las gracias.
- Hace que los demás se sientan bien y así aumenta la suma de felicidad en el mundo.
- Demuestra humildad.
- Nadie puede discutir con ello ni rebatirlo.

Marshall aconseja a todos sus clientes que sean fundamentalistas radicales a la hora de dar las gracias. Que sean estudiantes y practicantes de la gratitud y que busquen oportunidades para expresarla genuinamente. Que busquen la forma de obtener un sobresaliente en gratitud.

Lo hace porque tuvo la oportunidad de experimentar el poder de la gratitud de primera mano. Hace unos años, en un vuelo de Santa Bárbara a San Francisco, la tripulación les informó a él y a sus compañeros de que el tren de aterrizaje se había averiado y debían prepararse para un accidente.

En esos momentos de miedo, Marshall se preguntó qué era lo que más lamentaba en su vida. La respuesta fue clara: lamentaba no haber dado las gracias a todas las personas que le habían ayudado o que se habían desvivido por él. Decidió que, si vivía, buscaría a cada una de esas personas y les daría las gracias. El avión aterrizó sin contratiempos y, al llegar al hotel, Marshall se sentó inmediatamente y empezó a escribir notas sinceras de agradecimiento a las personas que le habían ayudado en su vida, con muchas de las cuales no había estado en contacto ni había pensado en años. Siguió haciéndolo en los meses siguientes. Sus notas hacían que las personas que las recibían se sintieran bien, y escribirlas le hacía sentirse de maravilla. La experiencia hizo que se decidiera a no perder nunca la oportunidad de dar las gracias y a cultivar la gratitud como un signo personal, una forma de estar en el mundo. Y, desde entonces, ha animado (por ponerlo amablemente) a sus clientes para que hagan lo mismo.

Seguimiento

Marshall y su colega Howard Morgan estudiaron los resultados de los programas de desarrollo del liderazgo en ocho grandes corporaciones para tratar de identificar qué tienen en común las personas que consiguen realizar cambios de comportamiento positivos y sostenidos. Descubrieron que la principal diferencia entre los que lograron un cambio a largo plazo y los que no radicaba en la cantidad de seguimiento que hacían con sus colegas. Los resultados fueron consistentes entre los participantes de Europa, América Latina, América del Norte y Asia, lo que indica que el valor del seguimiento es universal.

¿Qué significa hacer un seguimiento? Significa que, una vez que se consigue la ayuda de alguien, se le mantiene informado, se le pregunta cómo cree que lo estás haciendo y se aprovechan sus sugerencias. Para ver cómo es esto, volvamos a la situación descrita anteriormente, en la que te das cuenta de que no has hecho saber a tu jefe lo mucho que estás contribuyendo. Le has pedido a tu colega Jim que te observe durante unas semanas y que comparta sus opiniones sobre cómo puede ser que te estés subestimando a ti misma.

Cuando Jim te da su opinión, dice que se sorprendió al notar que a menudo desvías el crédito por lo que has logrado. Por ejemplo, cuando tu jefe te pidió en una reunión que le pusieras al día sobre el estado de una iniciativa de un cliente, le contaste lo que habían hecho los demás miembros del equipo, pero nunca mencionaste cómo habías coordinado el servicio para tus clientes.

Escuchas atentamente lo que dice Jim. No interrumpes ni introduces tus ideas, sino que simplemente le das las gracias por compartir lo que ha notado. Y la próxima vez que te pregunten por tu proyecto en una reunión, sigues su consejo y describes exactamente lo que has conseguido. Llamas a los miembros del equipo que han sido de especial ayuda y das crédito a quien lo merece, pero no intentas de ninguna manera desviarlo.

Y luego, una vez que hayas hecho todo esto, haces un seguimiento. Esto significa preguntarle a Jim cómo cree que has manejado la reunión. Al fin y al cabo, él es quien se ha dado cuenta de que tienes la costumbre de desviar el crédito, así que ¿por qué no preguntarle si cree que lo estás haciendo mejor? ¿Por qué no hacerle partícipe de tu plan de desarrollo? No iniciando una larga conversación o compartiendo un sinfín de detalles, sino haciéndole saber que estás actuando sobre sus ideas y averiguando si hay algo más que él cree que podrías hacer para demostrar un comportamiento diferente.

Publicidad

El cuarto paso consiste en ampliar tu círculo de ayuda más allá de una o dos personas, haciendo lo que Marshall pide a sus clientes de *coaching*. Debes esforzarte al máximo haciendo que todos los que te rodean sean conscientes de que estás tratando de modificar o cambiar un comportamiento que se ha interpuesto en tu camino.

Esto puede ser muy eficaz porque, como ya se ha dicho, las percepciones de la gente sobre los demás son notoriamente lentas para cambiar. Si te ven como un caballo de batalla fiable que no necesariamente lucha por lo que quiere, un caso de defensa de ti misma no cambiará esa impresión. Si tus comentarios suelen ser desordenados, la gente no notará inmediatamente cuando seas más concisa. Si siempre has agachado la cabeza, es posible que la gente no se diga de repente: «Veo ahora a Lucy participando más».

Así que si realmente quieres que la gente se dé cuenta de tu compromiso con el cambio de comportamiento, querrás articular lo que estás haciendo en cada oportunidad, tratando cada día como una oportunidad para compartir tu mensaje. Piensa en ello como una campaña publicitaria o electoral, o como una rueda de prensa. Transmite el mensaje sobre tu compromiso de mejorar.

Esto es lo que hizo Maureen, la socia de un bufete de abogados descrita en el capítulo seis, después de que ascendieran a un asociado masculino cuyo rendimiento era muy inferior al suyo y a ella no. Cuando un socio sénior le informó casualmente de que no tenía ni idea de que ella quería ser socia porque nunca lo había dicho, supo que tenía que cambiar su enfoque. Así que se dedicó a decirle a todo el mundo en la empresa lo decidida que estaba a conseguir ese objetivo y lo que estaba haciendo para lograrlo.

Dice: «Me sentí increíblemente incómoda y jactanciosa, pero empecé a contarle a la gente lo que estaba haciendo, y también a hablar de lo que necesitaba hacer para crecer. Pedí ideas sobre cómo podía reforzar mis habilidades y mi posición para prepararme mejor para la asociación. Y pedí opiniones: *¿cómo lo estoy haciendo?* ese tipo de cosas». Su campaña se sentía a veces como una carga extra, pero Maureen estaba decidida a posicionarse como una jugadora que no temía hablar de sus ambiciones. Para ello, tuvo que presentarse de una forma que le sirvió una vez que se hizo socia: como una defensora sin concesiones de aquello en lo que creía. Al final, recibió el ascenso que deseaba. Lo único que lamenta es que le haya costado más tiempo del que podría haber sido.

EL PODER DEL *COACHING* ENTRE PARES

Si realmente quieres intensificar tus esfuerzos de cambio, puedes considerar la posibilidad de trabajar con un *coach* de pares. Ambos hemos enseñado el *coaching* entre iguales a clientes, pero también lo hemos utilizado para cambiar comportamientos clave. El *coaching* entre pares se basa en el principio básico de buscar ayuda y lo convierte en un proceso semiformal y continuo que también es recíproco en lugar de unidireccional. Básicamente, te comprometes a trabajar regularmente con un amigo o colega para responsabilizarse mutuamente de los cambios de comportamiento específicos que quieran hacer.

Comienzan por definir los comportamientos que quieren trabajar y los desglosan en acciones específicas. A continuación, programan un momento específico para informarse mutuamente de sus progresos.

Cuando Marshall creó su plantilla original para el *coaching* entre iguales, ideó tres sencillos criterios para elegir un *coach*.

Tu *coach* de pares debe:

1. Ser alguien con quien te guste estar en contacto regularmente para que no te parezca una tarea o una carga. Y tu *coach* debe sentir lo mismo por ti.
2. Tener en cuenta tus mejores intereses. Y tú deberías sentir lo mismo por tu *coach* de pares.
3. Limitarse a las preguntas que prescribes y resistirse a opinar o hacer juicios de valor. Lo mismo debes hacer por él.

Eso es todo. No esperes que la magia se produzca de la noche a la mañana. Pero si trabajas con tu *coach* con regularidad, harás cambios positivos de forma constante a lo largo del tiempo. Serás mejor y seguirás mejorando porque tu «olvidador» incorporado se enfrentará a la disrupción cada día.

La práctica personal de Marshall se basa en una sencilla lista de preguntas que le hace su *coach* cada noche. En un principio trabajó con un viejo amigo y colega, Jim Moore. Juntos programaban una llamada telefónica todas las noches, sin excepción por los viajes internacionales.

Cuando la situación de Jim cambió, Marshall pasó a trabajar con otras personas. A lo largo de los años, actualizó los elementos de su lista para reflejar sus retos a la hora de rendir cuentas para convertirse en una persona más sana y mejor.

El *coach* de Marshall le hace ahora las siguientes preguntas:

¿Has establecido objetivos claros?
¿Progresaste en la consecución de tus objetivos?
¿Encontraste sentido a lo que hiciste?
¿Estuviste contento?
¿Construiste relaciones positivas?
¿Te comprometiste plenamente?

¿Fuiste paciente?

¿Tuviste una dieta saludable?

¿Dijiste o hiciste algo bueno por Lyda (su esposa)?

¿Dijiste o hiciste algo bueno por Bryan (su hijo)?

¿Dijiste o hiciste algo bueno por Kelly (su hija)?

¿Dijiste o hiciste algo bueno por Avery y Austin (sus nietos)?

Este modelo ha funcionado muy bien para Marshall. Como viaja constantemente, su principal reto es mantener la salud y el buen humor y seguir conectado con las personas que le importan. En ocasiones, Marshall ha utilizado un modelo cuantitativo, en el que las preguntas pueden responderse con un número (por ejemplo, ¿cuántas horas has dormido?). Pero hoy en día, es más cualitativo.

El modelo de *coaching* entre iguales de Sally es un poco diferente, y le ha funcionado de maravilla, tanto que ha trabajado con los mismos *coaches* de pares desde hace más de ocho años. Tanto ella como Elizabeth Bailey, la vieja amiga y compañera de redacción a la que reclutó, coinciden en que el contacto diario para revisar objetivos y comportamientos ha cambiado sus vidas.

Sally y Elizabeth se comunican por teléfono. Ajustan sus listas cada pocos meses, cada una de ellas centrada en un tema específico para mejorar. Diseñan cinco o seis preguntas relacionadas con ese tema y se ciñen a la lista hasta que pueden ver un progreso sólido en un comportamiento deseado. Entonces pasan a otra cosa.

Las preguntas rara vez son cuantitativas. Se centran sobre todo en los objetivos laborales y profesionales, pero suelen incluir algunos puntos relacionados con el crecimiento personal. Se utilizan mutuamente como caja de resonancia a la hora de decidir en qué temas centrarse. Y a veces rompen la regla cardinal de Marshall y ofrecen sugerencias: «¿No crees que podrías trabajar en no ser la persona perfecta el próximo mes?». Esta es una lista típica que Sally utilizó hace un par de años. Su tema en ese momento era tratar de ser más visible como oradora y escritora. Esto es algo con lo que lucha, ya que su tendencia es mantener la cabeza baja y centrarse en su trabajo en lugar de dedicar tiempo a hacer el marketing efectivo que requiere ser un escritor profesional.

Octubre-diciembre 2016: Cultivar la visibilidad

1. ¿Estoy al día con mi sitio web?
2. ¿He mirado en LinkedIn o he enviado un tuit?
3. ¿Estoy informando a los clientes lo que estoy haciendo?
4. ¿Son actuales los temas para mis presentaciones?
5. ¿Pasé tiempo al aire libre?
6. ¿Fui agradecida?

Sally trabajó a partir de esta lista durante varios meses, cambiando gradualmente los puntos específicos sobre los que actuaba y añadiendo otras cuestiones que se relacionaban con su tema. Elizabeth hizo lo mismo con su propia lista, y cuando cada una se sintió segura de haber hecho verdaderos progresos, pasaron a otros retos.

Tanto Marshall como Sally han descubierto que abordar los comportamientos obstinados que les frenan es más fácil y divertido con un *coach* de pares. Por eso te recomendamos que utilices esta poderosa herramienta para tratar de hacer cambios de comportamiento graduales pero positivos.

El *coaching* entre iguales funciona porque es la antítesis de hacerlo solo.

19

Dejar de juzgar

Has identificado un comportamiento que te estorba. Tienes una idea clara de cómo vas a empezar a trabajar en él. Sabes a quién vas a pedir ayuda. Sabes cómo vas a anunciar que estás cambiando. Tienes un plan de revisiones periódicas para medir tus progresos y mantenerte en el camino. Quizás has decidido trabajar con un *coach* de pares.

También has aceptado que encontrarás algunos baches en el camino. Comprendes que alterar un comportamiento arraigado es difícil, y que suele ser una propuesta de «dos pasos adelante y uno atrás». Pero estás mentalmente preparada. Y estás motivada porque estás preparada para un gran avance. O porque quieres dar un gran ejemplo a tu hija. Y porque en el fondo crees que, si más mujeres como tú se vuelven más influyentes, el mundo será un lugar mejor.

¿Qué hay que tener en cuenta? ¿Qué puede suponer un obstáculo? Según nuestra experiencia, el juicio es lo primero que podría obstaculizar tu camino. Juzgarte a ti misma cuando no alcanzas tus expectativas. Cuestionar lo que intentas hacer. Reprenderte porque no avanzas tan rápido como quisieras. Arrepentirte del hábito que estás tratando de cambiar ahora porque te frenó en el pasado.

Criticarte a ti misma por cualquier cosa.

El autojuicio puede ser un problema en particular para las mujeres, porque tienden a ser más duras consigo mismas que los hombres. Sí, esto es una generalidad, pero en seis décadas combinadas de trabajo con líderes,

Sally y Marshall descubrieron que es cierto, y la investigación con líderes de todo el mundo también lo respalda.

Las mujeres tienen algunas ventajas importantes a la hora de cambiar comportamientos. Por ejemplo, suelen estar menos cargadas de ego que los hombres, menos a la defensiva, y por tanto más dispuestas a buscar y aceptar consejos. Rara vez oímos a las mujeres decir: «Mi verdadero problema es que aquí son todos unos imbéciles, así que por supuesto son incapaces de apreciarme». O: «Si todo el mundo en esta empresa se aguantara e hiciera lo que yo digo, no tendríamos estos problemas».

La disposición de las mujeres a aceptar la responsabilidad de sus defectos puede hacerlas más abiertas a corregir los comportamientos que las frenan y más diligentes a la hora de cambiar los hábitos establecidos. Pero esta admirable característica también tiene su lado negativo. Significa que las mujeres son menos propensas a darse un respiro o a perdonarse el terrible pecado de tener un defecto ocasional.

Los juicios pueden hacerte tropezar cuando intentas cambiar porque te mantienen centrada en el pasado en lugar de en el presente (ver hábito once, rumiar). También son negativos y, por lo tanto, son intrínsecamente descorazonadores. Por eso el perdón y el autoperdón son las herramientas más poderosas que conocemos para las mujeres con tendencia a juzgarse o a cuestionarse a sí mismas.

Perdonarte a ti misma suele empezar por dejar de lado el pensamiento de «o bien o bien». Como la creencia de que alguien —tú en este caso— es maravilloso o terrible, un parangón o un desastre, perfecto u horrible. Y de que cometer un error te lleva automáticamente al territorio del desastre. Si lo pensamos bien, la mentalidad de «o lo uno o lo otro» es poco realista y un poco adolescente, como habrás notado si tienes hijos adolescentes, para quienes todo suele ser genial o terrible.

Pensar en lo uno o en lo otro también resulta intolerante. Y ser intolerante contigo misma te mantendrá estancada.

Así que, si tienes tendencia a juzgarte a ti misma, vale la pena repetir que no hay un estándar ideal para los humanos en este mundo. Cada uno de nosotros es un trabajo en curso y lo será hasta que exhale su último aliento. Aceptar esto, y estar dispuesta a aceptar el cambio al mismo tiempo que se deja de juzgar, es la plataforma más segura que conocemos para lograr un cambio positivo a largo plazo.

Feedforward

Vale, está bien, lo entiendes. Pero, ¿cómo dejas de juzgarte a ti misma, especialmente si se ha convertido en un instinto o reflejo?

Una técnica útil es el *feedforward,* que Marshall ha utilizado durante años con gran éxito. El concepto básico, aunque no el nombre, ya lo conoces del capítulo anterior, porque la plantilla básica de pedir/escuchar/agradecer descrita allí también se aplica al *feedforward.*

Pero lo que distingue al *feedforward* de su familiar primo el *feedback,* y lo que lo hace tan útil para dejar de juzgar, es que el *feedforward* solo se ocupa del futuro. Con el *feedforward,* no estás reclutando a un aliado de confianza para que te observe o envíe señales cuando vuelvas a tener un comportamiento que quieras dejar atrás. En su lugar, simplemente solicitas algunas ideas que podrías utilizar en el futuro. No se trata de una crítica ni de una intervención.

Digamos que, por ejemplo, has decidido trabajar en la distracción.

Te has dado cuenta de que tu atención se dispersa cuando hay muchas cosas en marcha o cuando sientes que las personas que te rodean tienen agendas confusas. Quizá también hayas identificado la distracción como la raíz de tu problema con el hábito seis, anteponer tu trabajo a tu carrera, ya que estar abrumada por los detalles te dificulta desarrollar planes a largo plazo. O te has dado cuenta de que sentirte distraída por lo que puedan pensar los demás contribuye a tu problema con el hábito ocho, la enfermedad de agradar. O crees que si te sintieras menos distraída, serías capaz de comunicarte con más precisión, y así progresarías en el hábito diez. La cuestión es que, dado que la distracción puede tener muchas causas y manifestaciones, a menudo es un buen punto de partida para abordar toda una serie de comportamientos más complejos.

Una vez tomada la decisión, te acercas a un colega o a un amigo y le dices algo sencillo como «Estoy intentando trabajar para distraerme menos y concentrarme en una cosa a la vez. ¿Tienes alguna idea que pueda utilizar? ¿Alguna práctica que te haya funcionado?».

Tal vez escuches algo como: «Sí. A menudo las reuniones me distraen porque hay muchas cosas que hacer. Así que intento escribir con antelación lo que quiero aprender y mantener mi atención en eso. ¿Por qué no lo intentas?».

Tu trabajo cuando solicites este tipo de comentarios es simplemente escuchar lo que la persona dice. No debes ofrecer ninguna respuesta, salvo un amable agradecimiento. Ni comentarios, ni objeciones, ni aceptación. Nada de «qué gran idea, voy a probarlo mañana». Y, desde luego, nada de «eso nunca me funcionaría porque…». Solo estás solicitando ideas.

Lo mejor del *feedforward* es que no tienes que elegir a quién le preguntas. No estás pidiendo que la persona te observe o critique. No estás recurriendo a un *coach* de pares ni estás pidiendo que hagan un seguimiento de tu cambio de comportamiento. Como no te estás mostrando especialmente vulnerable ni invitando al escrutinio, no es necesario que elijas a alguien en quien confíes profundamente o que sepas que se interesa por tu bienestar. Al fin y al cabo, solo buscas sugerencias.

Como invitar a que te den información no es gran cosa, puedes sentirte libre de preguntar a mucha gente y recibir un montón de sugerencias. Eso está muy bien, cuantas más mejor, porque no tienes ninguna obligación de aceptarlas. Mientras tanto, estás informando a la gente de lo que intentas hacer, de cómo intentas cambiar a mejor. Esto hace que sea más probable que se den cuenta de que estás mejorando. Así que el *feedforward* puede servir como una especie de publicidad positiva.

Una última ventaja del *feedforward* es que es mucho menos tenso que el *feedback*. No es tan personal como el *feedback*. Como ya se ha dicho, la mayoría de nosotros nos encogemos de miedo cuando alguien dice:

«¿Puedo ofrecerte *feedback*?». Nos armamos mentalmente para defendernos de un ataque. Pero hay que ser muy sensible para encogerse al escuchar unas cuantas sugerencias sobre cómo se puede manejar un reto en el futuro.

Así que si el autoperdón es un problema para ti, prueba a utilizar el *feedforward*. Es uno de los ejercicios que pueden ayudarte a dejar de juzgarte.

OH, BUENO

Otra poderosa técnica es ridículamente sencilla. Se trata de aprender a decir «oh, bueno». Como en: «Oh, bueno, he metido la pata. Oh, bueno, no soy perfecto. Oh, bueno, alguien ha malinterpretado lo que quería decir».

«Oh, bueno» es una señal de autoaceptación, un reconocimiento de que solo eres humana y que, como tal, a veces cometes errores. Es lo contrario de «Dios mío, ¿cómo he podido hacer eso? ¿Cómo he podido decir eso? ¿Qué debe pensar ella/él? ¡Soy una idiota! ¿No aprenderé nunca?». «Oh, bueno» también indica que estás preparada para seguir adelante. No hay que regodearse en el arrepentimiento. Simplemente reconoces que cometiste un error y diriges tu atención a lo que puedes hacer a continuación.

«Oh, bueno» es un pequeño hábito de Marshall que Sally adquirió mientras trabajaba con él en este libro. No es un ejercicio que haga con sus clientes o en talleres. Es algo que trabaja todos los días.

Pasando tiempo con Marshall, Sally lo escuchó mucho. «Oh, bueno, me perdí la llamada para la que se suponía que debía estar aquí». O «Oh, bueno, he olvidado el nombre de ese tipo». Oír esto fue enormemente útil porque a Sally le cuesta perdonarse a sí misma por el tipo de errores normales que cualquier persona ocupada comete inevitablemente.

Además de ser dura consigo misma, Sally tiende a aferrarse a los errores del pasado durante años. «¿Y aquella vez que olvidé preguntar a mi cliente por la boda de su hija, de la que había estado hablando durante los últimos cuatro años? ¿Qué tal aquella vez que di una charla a personas que creía que estaban en RR. HH., pero que en realidad estaban en comunicación? ¿Y cuando estaba deshidratada por el viaje y tuve una *performance* titubeante en un taller de alto nivel? ¿Cómo pude meter la pata hasta el fondo? ¿Qué me pasa?».

Se trata de un hábito muy arraigado, por lo que Sally apenas se dio cuenta de que «oh, bueno» estaba ejerciendo una sutil influencia sobre ella hasta que una mañana se encontró en el tipo de situación que normalmente habría desencadenado una caída en picado.

Recibió un correo electrónico antes de las siete de la mañana del editor de un artículo que ella había escrito y que se había publicado la noche anterior. Cinco minutos después de la publicación, el protagonista de la entrevista envió un correo electrónico al editor para informarle de que Sally se había equivocado en su lugar de nacimiento.

El primer impulso de Sally fue caer en la autocrítica: «He sido escritora durante décadas, ¿cómo he podido equivocarme en algo tan básico? Perderé la credibilidad de la revista y nunca más me asignarán un perfil importante. Y el hombre sobre el que escribí debe pensar que soy una completa aficionada. ¡Esto es un desastre!».

Pero después de unos dos minutos de reflexión, las palabras llegaron a la mente de Sally completamente formadas: «¡Oh, bueno! Me equivoqué en un detalle. Oh, bueno, fue un error honesto. Y, la historia aún no se ha publicado en la edición impresa, así que se puede corregir».

Se puso en contacto con el sujeto del artículo, obtuvo una rápida respuesta y envió al editor la información correcta. Diez minutos después, el cambio se había realizado. Sí, había cometido un error. Pero se trataba de un fallo, no de un desastre.

¡Oh, bueno!

Durante el resto de la semana, Sally hizo de «oh, bueno» su mantra. Imprimió una pancarta en una tipografía de cuarenta puntos y la colgó encima de su escritorio. Y lo compartió con su marido, Bart. Él es un artista y bastante sensible a la gente y a sus reacciones, por lo que es propenso a rumiar sobre situaciones mínimas que cree que debería haber manejado mejor, a diferencia de muchos de los hombres con los que trabaja Sally, que parecen más resistentes a pasar un mal rato.

A Bart le encantó. Y a la mañana siguiente, cuando Sally entró en el despacho de su casa para coger el teléfono, encontró un gran recordatorio garabateado en el tablón de anuncios que había sobre su mesa. En letras gigantes había escrito: «¡Oh, bueno!».

DEJARLO EN EL ARROYO

Marshall suele ilustrar la inutilidad de aferrarse a juicios pasados con una parábola budista favorita. Aparece en el libro *Un nuevo impulso,* pero también se aplica aquí.

Dos monjes paseaban junto a un arroyo de camino a su monasterio cuando les sorprendió el sonido de una joven vestida de novia sentada junto al arroyo, llorando suavemente. Las lágrimas rodaban por sus mejillas mientras miraba al otro lado del agua. Necesitaba cruzar para llegar a su boda, pero temía que al hacerlo se arruinara su hermoso vestido hecho a mano.

En esta secta en particular, los monjes tenían prohibido tocar a las mujeres. Pero un monje sintió compasión por la novia. Haciendo caso omiso de la sanción, la subió a sus hombros y la llevó al otro lado del arroyo, ayudándola en su viaje y salvando su vestido. Ella sonrió y se inclinó con gratitud mientras el monje volvía a cruzar el arroyo para regresar con su compañero.

Pero el segundo monje estaba lívido. «¿Cómo has podido hacer eso?», le increpó. «¡Sabes que tenemos prohibido tocar a una mujer, y mucho menos cogerla y llevarla de un lado a otro!».

El monje infractor escuchó en silencio un severo sermón que duró todo el camino de vuelta al monasterio. Su mente divagaba mientras sentía el cálido sol y escuchaba el canto de los pájaros. Una vez en casa, se durmió durante unas horas, pero su compañero le despertó en mitad de la noche.

«¿Cómo pudiste llevar a esa mujer?», volvió a preguntar su amigo. «Otro podría haberla ayudado. Eres un mal monje».

«¿Qué mujer?», preguntó el monje somnoliento.

«¿Ni siquiera te acuerdas? Esa mujer que llevaste al otro lado del arroyo».

«Oh, ella», rio el monje somnoliento. «Yo solo la llevé al otro lado del arroyo. Tú la cargaste hasta el monasterio».

El aprendizaje aquí es sencillo. Cuando cometas un error o te encuentres comportándote como un ser humano, la mejor práctica es dejarlo en el arroyo. No lo lleves a cuestas como aquel monje enfadado que se obsesionaba con el comportamiento del otro monje. Deja esa carga en el suelo y déjala ir.

LA LISTA DE LO QUE NO SE DEBE HACER

Probablemente tengas una lista diaria de tareas, compromisos e intenciones, cosas que debes hacer o que te gustaría lograr. Tal vez marques los puntos uno a uno a medida que avanzas en el día, lo que te da una sensación de logro y satisfacción. Tal vez te guste volver a mirar tus viejas listas porque te ofrecen una prueba en blanco y negro de que no has perdido el tiempo y demuestran el progreso que estás haciendo en tus objetivos.

Las listas de tareas te ayudan a mantenerte organizada y eficiente. Son herramientas útiles, aunque a veces te levantes con la sensación de que tu lista de tareas pendientes dirige tu vida. Como si fueras un mero instrumento cuyo principal objetivo es cumplir con las exigencias que impone tu lista.

A medida que se asciende en el escalafón, la lista de tareas suele ser más larga, y las tareas implican mayores riesgos. Sin duda, hablar con el presidente del comité de finanzas sobre el nuevo plan estratégico tiene más peso que presentar los gastos del almuerzo de un cliente.

Pero a medida que tu lista se amplía y se siente más urgente, también podrías considerar la posibilidad de hacer una lista de cosas que no debes hacer. Podrías incluir cosas que quieres dejar de hacer y tareas que quieres abandonar o delegar. Al identificar las actividades que te consumen el tiempo, te mantienen atrapada o te ofrecen una recompensa mínima, una lista de cosas que no debes hacer aporta intencionalidad a lo que quieres decir que no.

En sus talleres para mujeres líderes, Sally define ser intencional como saber qué abrazar y qué dejar ir a medida que se avanza hacia un nivel superior. El abrazo es la lista de cosas por hacer. Lo que hay que dejar de hacer es la lista opuesta. Equilibrarlas requiere prestar una atención consciente a la forma de gestionar las responsabilidades, las relaciones y los comportamientos para poder decidir qué es lo que realmente importa y lo que no.

Si, por el contrario, te limitas a añadir tareas a tu lista de tareas pendientes, empezarás a sentirte abrumada a medida que vayas aumentando y asumiendo más responsabilidades. Si esto ocurre, puedes acabar socavando tus recursos internos, lo que hará imposible que funciones de forma sostenible, energizante y agradable. Y un día te despertarás y dirás: «¿Qué sentido tiene?».

Los elementos de tu lista de cosas que no hacer pueden ser grandes o pequeños, pero tu lista será más eficaz si describes acciones específicas en lugar de actitudes, aspiraciones o comportamientos complejos. Esto hará que sea manejable y concreta y te proporcionará elementos que podrás ir tachando a medida que avanza el día.

He aquí algunos ejemplos de mujeres que han participado en los talleres de Sally:

- Dejaré de responder al teléfono a la primera llamada: me hace sentir apresurada y no me da tiempo a prepararme.

- Dejaré de decir inmediatamente sí o no a las peticiones para poder tomarme el tiempo de pensar en lo que me conviene.
- Dejaré de asentir con la cabeza cuando alguien habla porque he aprendido que a menudo se interpreta como asentimiento o acuerdo.
- Dejaré de intentar ganarme la consideración de mi colega porque ha dejado claro que está resentida conmigo.
- No voy a dejarme arrastrar por los cotilleos que asolan nuestra unidad.
- Dejaré de responder a las preguntas con un «Sí, pero», ya que solo es una forma disimulada de contradecir a los demás.

Jeri, una consultora de comunicación de Denver, describe el taller en el que hizo este ejercicio como un punto de inflexión en su carrera. Dice: «A medida que mi negocio se expandía, seguía añadiendo cosas que hacer, cada día, cada semana, cada año. Empezó a parecerme opresivo, como si fuera una especie de víctima, como si el negocio que había soñado dirigir me estuviera dirigiendo a mí. Crear una lista de cosas que no hacer y hacerme responsable de dejarlas pasar me dio una salida de este pantano. Ahora estoy constantemente pendiente de las cosas que no puedo hacer, ya sea programar reuniones extra con el personal o preparar almuerzos para todos en el entrenamiento de béisbol de mi hijo. Si decido que algo no es realmente importante y que no aportará un beneficio real al día, simplemente digo: «Lo siento, pero eso está en mi lista de cosas que no debo hacer».

JUZGAR A LOS DEMÁS

Si tienes el hábito de juzgarte a ti misma, puede que también tengas el hábito de juzgar a los demás. Al fin y al cabo, si siempre te exiges a ti mismo el máximo nivel de exigencia, ¿por qué ibas a dar un respiro a los demás?

Así que si has decidido dejar de juzgarte a ti misma con las herramientas descritas anteriormente, también puedes considerar dejar de juzgar a los demás. Tu carga será más ligera si dejas tus juicios en el arroyo en lugar de llevar contigo los comportamientos de los demás.

Esto puede ser contracultural en muchas organizaciones, en las que la gente compite por su posición (sutilmente o no) enumerando con ahínco los fallos de sus compañeros. Es extraordinario cuando se considera cuántas horas de tiempo se consumen y cuánta productividad se pierde en el interminable recuento de los defectos de los compañeros, y cuánto estrés se crea al revivir desaires reales o imaginarios.

Si este típico problema de tiempo te aflige a ti o a tu equipo, puedes beneficiarte simplemente retirándote de la participación. Puedes bajarte del carro de los cotilleos y negarte a ir allí. Negarte a centrarte en lo que los demás hacen mal puede darte un gran impulso cuando intentes iniciar cambios de comportamiento o romper hábitos establecidos que te han mantenido estancada. En su lugar, dirige tu atención a lo que es positivo y a lo que está bajo tu control.

Controlar tu propio comportamiento también es útil para evitar una trampa común en la que puedes caer cuando intentas cambiar: esperar que los demás se queden asombrados por lo mucho que estás mejorando. El hecho es que esto probablemente no ocurrirá por la sencilla razón de que la mayoría de la gente tiene muchas cosas que hacer y está centrada en sí misma. Por lo tanto, es poco probable que te feliciten cuando dejes de lado un hábito, incluso si se trata de un hábito que les resultaba irritante en el pasado. Lo mejor que puedes hacer es llamar su atención sobre el hábito, tal vez utilizando el *feedforward* u otra técnica publicitaria, y luego seguir adelante. Mantén tu atención en lo que puedes cambiar, que es básicamente a ti misma.

Otra trampa del juicio que puedes encontrar al tratar de cambiar un comportamiento es esperar inconscientemente que los demás cambien junto a ti. Pero, a menos que se hayan comprometido con un importante programa de mejora personal, es dudoso que, solo porque tú estés mejorando, todos los que te rodean empiecen a ser más maravillosos también. Así que resístete a cuestionar por qué a tu colega se le traba la lengua en la reunión y luego se siente mal cuando sus contribuciones se pasan por alto. Puede que ahora seas un paragón de la autodefensa, pero hace unos meses puede que te hayas comportado muy parecido a él.

El pensamiento «o bien, o bien» es a menudo el culpable de que juzgues a los demás, al igual que cuando eres demasiado crítica contigo misma. O bien tu equipo está compuesto por personas fabulosas que te adoran y siempre hacen el trabajo, o bien son un puñado de mediocres que inevitablemente te decepcionan. Cuando te escuches a ti misma expresando esas opiniones, o incluso simplemente dándoles espacio en tus pensamientos, quizá quieras recordarte que las expectativas de una u otra cosa pueden llevarte a confiar en las personas equivocadas, o a no confiar en las personas que deberías. ¿Por qué? Porque poner a los demás en categorías extremas inevitablemente nubla tu juicio.

Mientras reexaminas estas actitudes, quizá también quieras desechar tus críticas sobre lo «políticos» que son tus compañeros y jefes, a menudo y especialmente los hombres. Sí, tu compañero aplaudió a rabiar cuando el jefe presentó una nueva iniciativa en la reunión de calidad, a pesar de que la semana anterior había destrozado la misma idea. Pero en lugar de decidir que el tipo es un hipócrita que está jugando el típico juego jerárquico, ¿por qué no consideras que solo es un trabajador con una familia que mantener que está haciendo lo que cree que debe para mantener su empleo? No es de extrañar que esto incluya adular a un jefe que ha dejado claro en repetidas ocasiones que es un fanático hasta del más flagrante admirador.

Juzgar a los demás suele expresarse en frases como: «Uno pensaría que alguien que ha alcanzado su nivel sería más reflexivo». O «No esperarías que un socio gerente se comportara como un idiota».

La pregunta que deberías hacerte si escuchas estas palabras salir de tus labios es, sencillamente, ¿por qué? ¿Qué hay exactamente en la historia del mundo, o en la historia de las organizaciones, que apoye la idea de que los líderes poderosos son siempre personas de buen corazón e iluminadas que tratan habitualmente a los demás con respeto y toman grandes decisiones?

Sí, los líderes sobresalientes tienen un impacto enorme, y somos afortunados cuando trabajamos con esas personas. Pero son poco frecuentes. Así que no tiene mucho sentido esperar que, solo porque alguien llegue a un puesto alto, vaya a (rellenar el espacio en blanco).

El problema de los juicios de valor es que te estorban, te quitan tiempo y dificultan los cambios positivos. También demuestran mala voluntad a tus compañeros, que inevitablemente se nota, incluso cuando crees que estás disimulando inteligentemente tu evaluación.

Juzgarte a ti misma o a los demás no mejorará tu calidad de vida. Desde luego, no te hará más feliz. Pero te mantendrá atascada cuando intentes cambiar tus comportamientos para convertirte en la más maravillosa de las criaturas, tu mejor yo.

20

Recuerda lo que te trajo aquí

Las mujeres de éxito tienden a ser ávidas superadoras. Probablemente lo seas, ya que estás leyendo este libro. Una de las muchas razones por las que disfrutamos trabajando con mujeres de éxito, en los hábitos y comportamientos que se interponen en su camino, es que rara vez reaccionan a la defensiva ante las sugerencias sobre cómo podrían mejorar. Al contrario, suelen escuchar con atención y luego se ponen a trabajar con entusiasmo y ganas.

La historia de Marshall sobre su trabajo con Frances Hesselbein en el capítulo uno es un ejemplo. Frances es una de las líderes que Marshall más admira en el mundo. Sus galardones, honores mundiales y su extraordinaria gama de conexiones estrechas dejan claro que es una maestra en lo que respecta a las relaciones y las habilidades de liderazgo.

Sin embargo, cuando Marshall le hizo una evaluación de 360° a Frances, a petición suya, su respuesta inmediata fue centrarse en lo que necesitaba mejorar. Nada de sermones sobre lo fabulosa que era o lo buenos que eran sus resultados, como suelen hacer los líderes masculinos. De hecho, Frances estaba tan dispuesta a empezar a hacer cambios que Marshall se dio cuenta de que su mayor reto al entrenarla sería persuadirla de que fuera menos autocrítica.

Puede que compartas esta pasión por mejorar con Frances. Si es así, es importante tener en cuenta que todo comportamiento limitante tiene también su origen en una fortaleza. Tus puntos fuertes son los que te han traído hasta aquí, es decir, hasta donde estás ahora. Puede que no te lleven hasta allí, es decir, hasta dónde quieres ir. Pero te beneficiarás de mantener un sano respeto por los dones que aportas y por lo que has conseguido al abordar los comportamientos que pueden haberte limitado en el pasado.

Por ejemplo, es útil reconocer lo siguiente.

El hábito uno, la reticencia a reivindicar tus logros, tiene su origen en una genuina modestia y una generosa disposición a reconocer los logros de los demás.

El hábito dos, esperar que los demás noten y recompensen espontáneamente tus contribuciones, tiene su origen en la reticencia a presumir o a comportarte como una imbécil que se promociona a sí misma, junto con la percepción de que, como tú notas lo que otros aportan, los demás también lo harán (o deberían hacerlo).

El hábito tres, sobrevalorar la experiencia, se basa en un sano respeto por todas las habilidades que requiere tu trabajo y la voluntad de trabajar duro para dominarlas.

El hábito cuatro, construir en lugar de aprovechar las relaciones, se basa en la convicción de que debes valorar a los demás por lo que son y no por lo que te pueden servir.

El hábito cinco, no conseguir aliados desde el primer día, se basa en la creencia de que no se debe pedir ayuda a los demás hasta que se hayan hecho los deberes y se conozcan los parámetros del trabajo.

El hábito seis, anteponer el trabajo a la carrera profesional, tiene su origen en el deseo de demostrar lealtad y compromiso, así como en la creencia sensata de que hay que ir paso a paso en la vida, en lugar de estar pendiente del futuro.

El hábito siete, la trampa de la perfección, tiene su origen en el deseo de no decepcionar a los demás (incluida, y quizá especialmente, tu familia de origen), junto con el compromiso de hacer del mundo un lugar mejor.

El hábito ocho, la enfermedad de agradar, tiene su origen en una pasión desinteresada por hacer felices a los demás.

El hábito nueve, minimizar, tiene su origen en la conciencia de las necesidades de los demás y en el deseo de demostrarles que valoras su presencia y sus ideas.

El hábito diez, demasiado, tiene su origen en la búsqueda de la autenticidad y la conexión con los demás, basada en la experiencia compartida.

El hábito once, rumiar, se basa en la capacidad de pensar profundamente en lo que más te importa en lugar de rozar la superficie de tu vida.

El hábito doce, dejar que tu radar te distraiga, se basa en la capacidad de entender lo que sienten los demás y en una capacidad de observar a gran escala que te hace intuitiva y empática.

Se puede ver el patrón aquí. Surgen ciertas características: la diligencia, la conciencia, la preocupación por los sentimientos y las contribuciones de los demás, y la reticencia a participar en la competencia «todo sobre mí» que caracteriza la vida y la política de muchas organizaciones.

Son cosas buenas. Son regalos que aportas al mundo. Y seguramente han contribuido a tu éxito. Y puesto que parte de tu éxito consistirá, en última instancia, en ayudar a hacer de tu organización, y del mundo, un lugar mejor, no querrás dejar atrás estos puntos fuertes a medida que vayas ascendiendo y ampliando tu alcance.

Sin embargo, la realización de tu potencial te llevará más allá de tu zona de confort, y examinar cómo tus puntos fuertes pueden también perjudicarte es un aspecto de ello. Por eso querrás celebrar las habilidades, los talentos, las actitudes y los comportamientos que te han llevado hasta donde estás. Incluso mientras identificas y trabajas para superar los comportamientos autolimitantes que no te llevarán a donde quieres ir.

Creemos que muchas más mujeres podrían y deberían ocupar puestos de poder e influencia. Esperamos que nuestras ideas te ayuden a ascender en el campo o la organización que elijas para que puedas marcar una diferencia aún más positiva en el mundo.

Agradecimientos

Sally y Marshall agradecen a:

El uno al otro – amigos y colegas desde hace veinticinco años.

Mike Dulworth – que nos dio la idea de este libro.

Jim Levine – que firmó como agente en treinta segundos.

Mauro DiPreta – que vio las posibilidades.

Michelle Howry – nuestra maravillosa editora.

El estelar equipo de ventas y marketing de Hachette.

Elizabeth Bailey – la *coach* de pares de Sally.

Alan Mulally – el modelo de Marshall.

Acerca de los autores

Sally Helgesen ha sido reconocida como una de las principales expertas del mundo en liderazgo femenino durante casi treinta años. Como autora, conferenciante y consultora, su misión siempre ha sido ayudar a las mujeres a reconocer, articular y actuar sobre sus mayores fortalezas.

Su éxito de ventas *The Female Advantage: Women's Ways of Leadership*, aclamado como «la obra clásica» sobre los estilos de liderazgo de las mujeres y que lleva veintiocho años imprimiéndose, fue el primer libro que se centró en lo que las mujeres tienen para aportar a sus organizaciones, en lugar de cómo tienen que cambiar y adaptarse. *The Web of Inclusion: A New Architecture for Building Great Organizations* fue citado en el *Wall Street Journal* como uno de los mejores libros sobre liderazgo de todos los tiempos. Más recientemente, *The Female Vision: Women's Real Power at Work* (*La visión femenina: el verdadero poder de las mujeres en el trabajo*) explora cómo las ideas estratégicas de las mujeres pueden fortalecer sus carreras y beneficiar a sus organizaciones.

Sally desarrolla e imparte programas de liderazgo para empresas, sociedades, universidades y asociaciones de todo el mundo. Ha colaborado con las Naciones Unidas en la creación de oficinas nacionales más inclusivas en África y Asia, y ha dirigido seminarios en la Harvard Graduate School of Education y el Smith College, y es editora colaboradora de la revista *Strategy + Business*. Vive en Chatham, Nueva York.

Marshall Goldsmith es la autoridad mundial en ayudar a los líderes de éxito a lograr un cambio de comportamiento positivo y duradero. Es la única persona que ha sido reconocida dos veces como el Pensador de Liderazgo Más Influyente del Mundo de *Thinkers50*. Marshall ha sido incluido con frecuencia en la lista de los mejores *coaches* ejecutivos del mundo. En 2017, fue reconocido en Harvard como el ganador inaugural del Premio al Líder en el Campo del *Coaching* por el Instituto de *Coaching*. Marshall es el autor número uno en ventas del *New York Times* de *Disparadores* y de *Un nuevo impulso,* ambos reconocidos por Amazon.com como dos de los cien mejores libros jamás escritos sobre liderazgo y éxito, y publicados por Empresa Activa. Sus numerosos libros han vendido más de dos millones de ejemplares y han sido traducidos a treinta y dos idiomas.

Es uno de los pocos ejecutivos selectos a los que se les ha pedido que asesoren a más de ciento cincuenta grandes directores generales y sus equipos de gestión. Marshall vive en Rancho Santa Fe, California, y en la ciudad de Nueva York.